술술 풀리는 인생 2막

마인드셋의 비밀

술술 풀리는 인생 2막

마인드셋의
비밀

제1판 1쇄 2026년 3월 27일

지은이 이목원
펴낸이 이경재
책임편집 비비안 정

펴낸곳 도서출판 델피노
등록 2016년 8월 11일 제2020-000082호
주소 서울시 양천구 신정중앙로 86, 덕산빌딩 5층
전화 070-8095-2425
팩스 0505-947-5494
이메일 delpinobooks@naver.com
ISBN 979-11-992156-5-8 (03190)

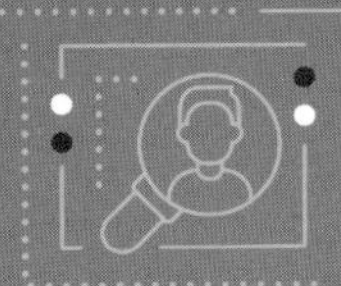

Change Your Mindset. Change Your Second Life.

술술 풀리는 인생 2막

마인드셋의 비밀

이목원 지음

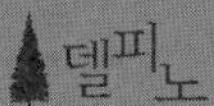

은퇴 후 무엇을 할지 몰라 불안하다면

출근이 멈추는 날을 상상해본 적 있는가.

알람이 울리지 않는 아침. 누가 나를 부르지 않는 하루. 하루를 버티게 해주던 '일정표'가 사라졌을 때, 남는 건 여유가 아니라 **막막함**일 수 있다.

"어느 날 갑자기 출근할 곳이 없어지면 어떡하지."

2025년 말 공로연수를 떠나는 A 과장이 내게 했던 말이다. 공로연수는 정년퇴직을 1년 앞두고 준비하는 과정이지만, A 과장은 준비라는 말로도 가려지지 않는 두려움을 느낀다고 했다. 그 말이 내 귀에 오래 남았다. 은퇴의 불안은 생각보다 자주, 그리고 조용히 사람을 무너뜨리기 때문이다.

사람들은 흔히 은퇴를 '돈'으로 준비해야 한다고 말한다. 맞는 말이다. 하지만 은퇴 직전에 많은 사람들이 먼저 무너지는 지점은 다른 곳이다.

"나는 이제 어디에 속하지?"

"나는 누구로 살아야 하지?"

일이 끝난 뒤 찾아오는 건 통장 잔고의 문제가 아니라, **정체성의 공백**일 때가 많다. 그래서 은퇴는 어떤 사람에게 '휴식'이 아니라 '낙하'가 된다.

그런데 나는 A 과장의 불안이 낯설지 않았다. 첫 책 출간 이전의 나 역시 **인생 2막 준비의 왕초보**였기 때문이다.

내 인생 2막은 '은퇴'가 아니라 '상실'에서 시작됐다

2010년, 나는 아내와 갑작스럽게 사별했다. 그 이전까지 나는 1년에 책 한 권도 제대로 읽지 않았다. 열정이 없어서가 아니라, 그저 익숙한 방식으로만 살았다. 그러다 삶이 한 번에 꺾였다. 상실은 사람을 철학자로 만들지 않는다. 먼저 사람을 **무너뜨린다.** 그리고 그 무너짐 속에서 가장 잔인한 질문이 올라온다.

"이제 나는 어떻게 살아야 하지?"

그때 내가 할 수 있는 건 많지 않았다. 그래서 아주 작은 실행 하나를 선택했다.

읽기.

쓰기.

처음부터 '성공'이 목표였던 건 아니다.

그저 하루를 통과하기 위해 책을 펼쳤고, 마음이 무너지는 날에는 문장을 적었다. 잘하려는 마음이 아니라, 살아내려는 마음이었다. 그런데 이상하게도 그 작은 실행이 내 삶의 바닥을 바꾸기 시작했다. 하루의 리듬이 바뀌고, 생각의 방향이 바뀌고, 결국 삶의 길이 바뀌었다.

나는 그 과정을 10년 동안 이어왔고, 그 시간 끝에서 한 가지를 분명히 알게 됐다. 인생 2막을 갈라놓는 건 정보의 양이 아니라, 내가 세상을 해석하고 반응하는 **기본값**이라는 것.

이 책은 '이론 소개'가 아니라 '실행의 지도'다

솔직히 말해, 세상에는 자기계발 정보가 넘친다. "이게 중요하다.", "저걸 해야 한다."는 말도 넘친다. 그런데 많은 사람은 여전히 바뀌지 않는다.

왜일까?

알고 있기 때문이 아니라, 움직일 수 있는 사람이 되지 못했기 때문이다. 나는 그 답이 '의지'가 아니라 **마인드셋**에 있다는 걸, 내 실행으로 확인했다.

'마인드셋(mindset)'이란 mind(마음)와 set(형성·고정된 틀)이 결합된 말로, 한 사람이 세상을 해석하고 반응하는 '사고방식·태도·마음가짐의 체계'를 뜻한다.

마인드셋이 바뀌면, 같은 하루를 살아도 결과가 달라진다. 불안이 올라올 때, "나는 이제 끝이야."라고 해석할 것인가. 아니면 "지금부터 내가 나를 다시 세울 시간"이라고 해석할 것인가. 그 해석이 달라지면, 오늘의 선택이 달라지고, 결국 내일이 달라진다.

인생 2막 준비의 본질은 세 가지다: "나는 이렇게 실행했다"

나는 인생 2막 준비의 본질을 세 가지로 정리한다.

첫째는 **자기계발**이다.

인생 2막은 '시간이 남아서' 시작되는 취미가 아니라, '나를 다시 세워야 해서' 시작되는 일이다. 잠재력은 머릿속에서 빛나지 않는다. 실행 속에서 드러난다. 나에게 그 출발은 독서와 글쓰기였다.

둘째는 **내면의 성장**, '존재의 삶'을 찾는 일이다.

인생 1막이 성과와 역할의 언어로 굴러갔다면, 인생 2막은 다르게 묻는다. "나는 왜 사는가.", "무엇을 위해 하루를 쓰는가." 이 질문을 피하지 않을 때 삶은 다시 중심을 갖는다.

셋째는 **자아실현**이다.

결국 마지막에 남는 질문은 '남에게 인정받았는가'가 아니라, '내가 납득하는 삶이었는가'다. 인생 2막은 그 답을 만들어가는 시간이다.

이 책은 이 세 가지를 '설명'하려는 책이 아니다.

내가 실제로 겪고, 실제로 실행하고, 실제로 흔들리며 지나
온 길을 **독자가 따라갈 수 있도록 정리한 책**이다.

마지막으로, 당신에게

A 과장의 불안은 약함이 아니다. 시작의 신호다. 그리고 당
신의 불안도 마찬가지다. 은퇴 후 무엇을 할지 몰라 불안하다
면, 당신에게 필요한 건 '대단한 계획'이 아니라, **인생 2막의
여정에 탑승할 수 있는 마인드셋의 장착**이다.

이제 다음 장에서 나는 묻고, 바로 보여줄 것이다.

"어떤 마인드셋이 나를 일으켜 세웠는지."

"어떤 실행이 나를 2막으로 데려갔는지."

"당신은 어디서부터 시작하면 되는지."

당신이 오늘 이 책을 펼친 이유가 '막막함'이라면, 이 책을
덮을 때 당신에게 남아야 할 것은 계획표가 아니라 **확신**이다.
"나는 다시 시작할 수 있다!"

2장 내 안의 숨은 보석 찾아내기(역경)

3장 새로운 패러다임 만들기(자아실현)

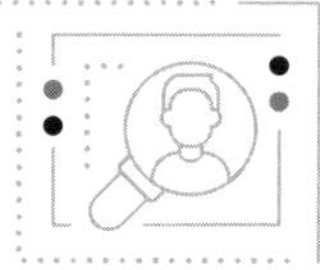

고장난 마음 리셋하기
(자존감)

인생 2막,
준비할 수 있는 자와 없는 자는 한 끗 차이

인생 2막을 준비한다는 것은 대단히 어렵다. 현재 가지고 있는 자신의 재능과 능력 그리고 그동안 경험이라는 중요 자원은 있지만 무엇을 할 것인지 새로운 결과물을 찾을 때까지는 오랜 시간이 걸리기 때문이다. 직장인이라면 무엇보다도 시간적인 제약이 가장 크다고 할 수 있다. 근무하며 짬짬이 시간을 내기도 어렵지만 설령 시간이 있다고 하더라도 막상 시작하려 하면 무엇부터 해야 할지 막막하게 느껴지는 것 또한 중요한 이유 중 하나다.

퇴직 후 마땅히 할 것이 없다는 것은 인생 2막 준비를 처음 시작할 때 누구나 느낄 수 있는 마음의 벽이라 할 수 있다. 답답하고 불안한 마음과 더불어 오만가지 생각으로 만리장성을 쌓기도 한다. 생각이 꼬리를 물고 물리다 보면 마음 중심에는 인생 2막 준비의 마음가짐이 긍정보다 부정적 먹구름에 지배당하게 된다.

이런 생각에 머무르는 사람이라면 인생 2막 준비의 원시적 단계이자 왕초보 단계라 할 수 있다. 자신의 재능이나 능력이 뛰어나서 돈이나 가치 있는 삶으로 바꿀 수 있는 능력이 충분한 사람은 굳이 인생 2막을 준비할 필요가 없다. 과연 이러한 사람이 얼마나 될까? 거의 없다고 본다. 심리적 불안이 따라다닐 수 있고 재정적 안정만이 인생 2막의 종착지가 아니기 때문이다.

때문에, 인생 2막 준비는 그 누구를 막론하고 원시적 단계인 왕초보 단계에서 준비하는 공통점이 있다. 왕초보 단계를 벗어나는 유일한 길은 뭘까?

2021년 〈쫓기지 않는 50대를 사는 법〉 책을 출간한 지 만 5년이 훌쩍 지났다. 나에게도 책 출간 이전의 시기를 생각해 보면 왕초보 단계에서 시작했음을 확실히 알 수 있다. 2010년 이전에는 1년에 책 한 권 읽지 않을 정도로 독서와는 거리가 먼 사람이었다. 독서에 취미가 있었던 사람도 아니었고, 책 출간 생각을 전혀 하지 않았던 사람이 10년 만에 책을 출간한 것이다.

인생 2막 준비를 한다면 모름지기 반드시 왕초보 단계를 거쳐야 한다. 왕초보 단계 없는 인생 2막 준비는 없다. 인생 2막 준비가 어려운 이유 중 하나는 왕초보 단계를 언제 벗어날지 모른다는 불확실성 때문이다. 왕초보 단계를 벗어나기 위해서는, 내가 하고자 하는 것에 시간과 노력을 투자하고 고통을 견뎌 내는 과정이 반드시 수반되어야 한다. 이는 마치 황무지 땅에서 싹을 틔워 올리는 것과 같다. 독서 습관을 만드는 것을 예로 들어봐도 명확하다. 1년에 책 한 권 읽지 않았던 사람이 인생 2막 준비하며 독서 습관을 만들기까지는 수많은 시련과 고통, 실패와 중단을 반복해야 하는 것을 각오해야 한다.

왕초보 단계를 벗어나는 첫 번째 과정은 생각의 틀을 벗어나는 길이다. 생각의 한 끗 차이가 인생 2막 준비를 시작하는 씨앗이 된다. 모름지기 인생 2막 준비는 시간 제약이 없어지는 날이 오지 않을뿐더러, 아무 노력 없이 막막함이 없어지는 순간도 절대 오지 않는다.

인생 2막을 준비하며 제일 위험한 것은 온갖 핑계와 이유를 대는 태도다. 이런 사고는 나도 모르게 잘못 길들여진 생각의 틀 때문이다. 생각의 틀은 연륜이 쌓일수록 견고해지는 경향이 있다.

'그동안 열심히 고생하며 살아왔는데, 이제 좀 쉬면서 살아야지, 이 나이에 무슨 도전이고 인생 2막 준비야?' 이런 생각이 마음을 지배하고 있다면 생각의 틀이라는 고정관념을 바꾸기가 대단히 어렵다. 더군다나 연금 또는 그동안 일궈놓은 재산으로 살아가도 충분하다고 생각하는 사람은 그 생각의 틀을 바꾸기가 저 하늘의 별을 따는 것 만큼 어렵다.

인생 2막을 준비하지 않아도 아무 지장이 없다는 생각의 틀을 벗어나지 못하면 아무것도 실행할 수 없다. 생각이 행동을 지배하기 때문이다. 그런데 의외로 이런 사람이 주변에 많이 있다.

직장에서 은퇴 후 당분간 쉬면서 인생 2막 준비를 한다는 사람도 많이 있다. 시간이 지난다고 달라지는 것은 없다. 당분간 쉬다가 보면 왕초보 단계에 머무르며 인생 2막 준비라는 기회의 문은 영원히 사라지게 된다.

2025년 캄보디아에서는 고수익 취업을 미끼로 한국인들을 납치, 감금한 후 살해하는 끔찍한 일이 발생한 적이 있었다. 고수익에 속아 캄보디아에 감금된 한국인이 60여 명에 이른다는 보도를 보고 인간의 기본 밑바탕에 공짜 심리가 존재한다는 사실을 지울 수 없었다.

퇴직 후 나이가 들수록 쉽게 돈을 벌 수 있는 유혹에 더욱더 넘어가기 쉽다. 은퇴자들이 퇴직금을 홀라당 날리는 사례는 어제오늘의 일이 아니다. 쉽게 돈 버는 고수익 광고는 무조건 의심해야 한다.

이 세상에 아주 쉽게 돈을 버는 일은 존재하지 않듯, 인생 2막 준비도 마찬가지다. 가장 어렵고 힘든 길이 인생 2막 준비의 가장 빠른 길이다. 이러한 생각의 한 끗 차이가 인생 2막의 방향성을 완전히 바꾸게 된다.

이 말을 자신의 삶 한가운데 굳은 신념처럼 새기고 인생 2막을 준비하는 사람은 어떠한 고통과 고난이 와도 묵묵히 가던 길을 걸어간다. 반면 쉽게 인생 2막을 준비할 수 있다는 생각만 하거나 부정적인 생각만 가득하다면, 절대 인생 2막 준비의 험난한 길로 나아갈 수 없다. 인생 2막 준비는 노력과 고통이라는 점의 시간이 규칙적으로 투입되어야 한다. 이 길이 가장 빠른 길임을 명심할 필요가 있다.

인생 2막 준비는 무엇이든 하기 위해 노력이라는 씨앗을 뿌린다면 절대로 늦지 않다. 어떻게 보면 하루하루 노력이라는 씨앗을 뿌리는 것은 인생의 원칙이자 자연의 법칙이다. 저자 또한 2021년 첫 책 출간 후 인생 2막 준비를 위한 노력의 씨앗을 꾸준히 뿌리고 있다. 뿌리는 씨앗의 열매가 언제 맺히는지 알 수 없다. 돌에 정(釘)으로 글을 새기듯 하루하루 꾸준히 노력하다 보면 언젠가 꽃이 피고 열매를 맺는 시기는 분명히 온다.

우리가 너무나 잘 아는 유명한 일화가 있다. 가난한 농부가 시장에서 사 온 거위가 매일 1개씩 황금알을 낳는 것을 보고 어느날 욕심이 생겼다. 거위의 배를 가르면 1개보다 훨씬 많은 황금알이 있을 것이라고 생각했다. 거위의 배를 가르자, 황금알은 없었다. 이 우화를 통해 알 수 있듯이, 욕심은 화의 근원이 되기도 하지만 쉽게 돈을 버는 것은 그 어디에도 없음을 알려 준다. 인생 2막 준비도 노력의 씨앗을 꾸준히 뿌려야만 열매라는 성과가 나온다.

노력의 씨앗을 뿌리려면 반드시 생각의 씨앗이 마음속에 잉태되어야 한다. 무엇이든지 도전해 보겠다는 생각의 씨앗은 인생 2막 준비의 가장 첫 출발점이다. 결국 이 자그마한 생각 하나가 인생 후반기를 변화시킨다.

뜨거운 맛을 봐야
인생 2막을 준비하나?

"야! 공부해라. 공부 안 하면 어른 되어 밥 빌어먹는다."

학창 시절 부모 또는 선생님, 친지 등으로부터 공부하라는 말은 귀에 딱지가 앉을 정도로 많이 들었다. 대부분 이 말을 잘 듣지 않고 자란다. 왜일까? 공부의 필요성은 충분히 이해됐지만, 행동이 제대로 되지 않았기 때문이다. 흔히 철이 들어야 공부를 한다고 한다. 철이 든다는 것은 사리를 분별하고 판단하는 힘이 생겨 어른스러운 태도나 행동을 하게 되는 것을 의미한다.

예를 들어, 부모가 일찍 돌아가시고 조부모 밑에 자랐거나, 가난한 환경에서 힘들게 살면서 삶의 큰 굴곡이 닥치면 그때야 비로소 정신을 차린다. 강연할 때 주로 이를 빗대어 이야기하는 것이 있다. 사람은 뜨거운 맛을 보지 않으면 쉽게 바뀌지 않는 미련한 면이 있다.

여기서 '뜨거운 맛'이란 한마디로 인생의 위기를 말한다. 우리 삶의 메가톤급 위기가 그 사람을 변하게 하는 신호탄이 되는 것이다. 대표적인 분이 〈고전이 답했다〉의 고명환 작가와 〈백만장자 메신저〉의 브렌든 버처느다. 두 사람은 똑같이 죽을 뻔한 교통사고를 경험했고 그것이 인생을 바꾼 결정적 계기가 된 것이다. 죽음을 직간접적으로 경험한다는 것은 인간 행동을 바꾸는 결정적 역할을 한다.

나 자신도 아내와의 사별이라는 인생의 최대 위기가 없었더라면 잘 바뀌지 않았을 것이다. 당시 유치원생, 중학생 어린 두 아들을 양육하는 과정에서 인생의 끝없는 바닥을 경험하며 비로소 나는 책을 읽기 시작한 것이다. 책은 인생의 끝없는 바닥으로 떨어지는 나를 구원해 줬던 구세주 같은 존재였다. 사람은 뜨거운 맛 또는 인생의 바닥을 경험해야 비로소 바뀐다는 것을 몸소 체험한 것이다.

흔히 인생의 바닥을 찍었다고 말하는 사람이 변하지 않았다면 이는 무엇 때문일까? 본인은 바닥을 찍었다고 생각하지만, 행동변화를 지속할 만큼 강한 충격이 없었다는 것이다. 뜨거운 맛을 아직 더 봐야 행동변화가 지속할 수 있다는 뜻이다.

만약 바닥을 찍었던 사람이 변하지 않고 쇠퇴했다면, 그는 위기를 기회로 바꾸지 못하고 실패한 사람이다.

인생 전반기에서 뜨거운 맛을 봤던 사람이든 보지 않았던 사람이든 반드시 짚고 넘어가야 할 부분은 인생 2막 준비를 할지 말지 여부를 결정하는 것이다. 퇴직 전후가 되면 인생2막 준비의 필요성을 느끼는 사람과 그렇지 않은 사람, 두 부류가 존재하기 마련이다. 인생을 미리 살아 볼 수는 없기 때문에 인생 후반기의 뜨거운 맛을 직접 경험해 본 사람은 아무도 없다. 직접 살아 보지 않았더라도 충분히 상상하며 간접경험으로 뜨거운 맛을 충분히 느낄 수 있다. 인생 2막 준비는 뜨거운 맛이라는 인간 본성에 기대지 말라는 역설적인 말로도 해석될 수 있다.

올해 92세가 되는 이시형 박사는 은퇴는 최악의 선택이라며 인생 2막 준비를 하라고 한다. 그는 60대에 가장 할 일 없이 허송세월을 보냈다며 후회의 말을 남겼다.

이시형 박사의 책을 읽어 보면 인생 2막을 준비하라는 본질적인 이야기를 너무나 많이 하고 있다. 이런 이야기를 듣게 되면 어떤 생각이 드는가? 행동 유발이 되는 특별한 동기부여를 받을 수 있을까? 인생 2막 준비에 관심이 없는 사람은 대부분 행동 변화에 직접적인 영향을 받지 않는다. 나의 경우는 이시형 박사뿐만 아니라 김형석, 이근후 박사 등 노년을 보내고 있는 많은 지성인들이 전하는 말을 통해 인생 2막 준비의 근본 이유와 필요성을 절감하고 있다. 먼저 살았던 지성인들이 그렇게 인생 2막 준비하라고 하지만 우리 대부분은 이 말을 무시한다.

"돈을 잃으면 조금 잃는 것이요, 명예를 잃는 것은 많이 잃는 것이지만, 건강을 잃는 것은 모든 것을 잃는 것이다."

한 번쯤은 들어 봤던 건강에 대한 명언 중의 명언이다. 건강의 중요성을 아무리 깊이 있게 인식하고 있어도 행동에는 건강에 최우선을 두지 못하고 있다. 건강에 큰 위기를 겪은 사람은 건강에 최우선을 둔다. 더 무지한 사람도 있다. 건강에 뜨거운 맛을 본 사람이 어느 정도 시간이 지나면 몸에 안 좋은 습관(술, 담배 등)을 다시 시도하는 경우다.

몇 년 전 위암으로 위의 대부분을 없앤 A라는 과장이 있다. 그는 죽음에 대비해 영정사진도 찍었고 유언장도 적었다. 십이지장은 없는 위를 대신해야 했다. 직장에서 점심 식사도 집에서 준비해온 도시락을 먹으며 철저히 절제된 식습관을 가지려 노력했다. 4년이 지난 지금, 그는 술도 마시고 절제된 행동이 반 이상 풀어진 것 같았다. 암세포는 방심을 먹고 자란다고 한다. A 과장의 사례는 인간이 어리석다는 단적인 예이다. 똥인지 된장인지 직접 찍어 먹어도 다시 원래의 삶으로 돌아가는 사람을 보면 안타깝기 그지없다.

인생 2막을 준비하지 않을 이유보다 반드시 해야 하는 이유가 훨씬 더 많아졌다. 먼저 살았던 지성인들이 그렇게 신신당부하며 인생 2막 준비를 하라고 하는데도 외면하며 살 수는 없는 노릇이다. 초고령 사회에서 길어진 수명 속에 자신의 삶을 개척하지 않는다면 내 인생의 방향이 무엇인지도 모른 채 방황하다 삶을 마감하게 된다.

인생 2막 준비는 뜨거운 맛을 보며 인간 본성에 기대어 변하지 말라는 경고와 같다. 이미 그때가 되면 늦다는 것을 먼저 살아왔던 사람들이 경고하고 있음을 인식해야 한다.

심리학에서 인간 행동을 결정짓는 두 가지 요소가 있다. 하나는 자극, 반응, 보상이 행동으로 이어지는 행동주의 심리학이다. 이는 뜨거운 맛을 봐야 바뀌는 인간 유형이다. 또 하나는 어떠한 삶의 모멘텀이 동기부여가 되어 행동으로 이어지는 인지주의 심리학이다. 이는 삶의 특별한 굴곡 없이 행동의 변화로 이어지는 경우다.

인간 행동을 유발했던 결정적 요인이 뜨거운 맛이라면, 뜨거운 맛을 보지 않고도 변하는 방법은 없을까? 〈김미경의 마흔 수업〉을 펴낸 김미경(61) 작가는 40대 중반의 나이에 앞으로 어떻게 살아야 할지를 생각하며 "인생 후반기 배치도"를 그렸다. 이때부터 '열정'이라는 단어를 처음 쓰기 시작했고 하루 24시간을 쪼개 살기 시작했다고 했다. 〈몸이 먼저다〉의 한

근태(70) 작가는 2012년 오십견으로 몇 달 고생하다 건강의 중요성을 깊이 깨닫고 운동을 시작했다. 두 작가가 펴낸 책을 읽어 보면 뜨거운 맛을 본 만큼 큰 위기가 없었다는 것을 알 수 있다. 인간은 삶의 위기가 없어도 어떠한 모멘텀을 통해 충분히 바뀔 수 있다는 것이다.

인생에는 두 번의 방황기가 있다. 한 번은 2~30대 전후에 경험하는 청춘의 방황기, 또 다른 한 번은 40대에서 50대 전후에 경험하는 인생 2막, 즉 내 미래를 생각하는 방황기다. 청춘 시절의 방황기는 인생 전반기를 살아가는 필수 과정이라면, 인생 2막을 준비하는 방황기는 선택의 몫으로 대부분 인식하고 있다.

선택의 몫으로 생각했다면 뜨거운 맛을 보기 전에 인생 2막 준비는 필수라고 생각하고 준비하는 지혜가 필요하다. 두 번 다시 인간의 어리석음에 기대어 인생 후반기를 살아서는 안 될 일이다.

내 안의
깜빡이 켜기

"안녕하세요? KBS 대구 방송총국 아침마당 제작 작가입니다. 〈쫓기지 않는 50대를 사는 법〉 책을 출간한 이목원 작가님이시죠? 방송 출연 가능한지 전화 드렸습니다."

2022년 2월, KBS 아침마당 작가로부터 전화를 받고 방송에 출연한 적이 있었다. 사회자의 첫 질문은 '깜빡이'에 대한 것이었다. 책 내용 중 '인생의 허리 50, 내 안의 깜빡이를 켜라', '사는 대로 살면 죽도 밥도 안 된다'가 있었기 때문이다.

깜빡이란 말 그대로 자동차의 방향 지시등을 말한다. 인생을 삶의 종착역으로 향해 가는 자동차에 비유해 보자. 그동안 살아왔던 대로 계속 사는 것은 자동차가 직진으로 주행하는 것과 같다. 깜빡이를 켜지 않는 삶이다. 깜빡이를 켠다는 것은 좌측, 우측 아니면 비상 깜빡이를 켜는 세 가지 옵션을 말한다. 다시 말하면 살아왔던 대로 살지 않고 한번은 깜빡이를 켜라는 말이다. 깜빡이를 통해 불편한 길로 방향을 전환하고 도전하는 삶을 사는 것을 말한다.

2021년 1월, 책 출간 후 지금까지의 시간은 깜빡이를 켜고 살아왔던 삶이다. 책 출간 이전대로 삶을 살았더라면 KBS 아침마당에 출연할 수 없었을 것이다. 그동안 깜빡이를 켜고 도전하며 살아왔던 부분을 간략히 살펴보면 다음과 같다.

2021년 5월에는 '퍼스널 습관 전문가'라는 브랜드를 만들었다. 습관을 잘 못 만드는 분들에게 도움을 주기 위해서다. 온라인을 통해 퍼스널 습관 만들기 1기부터 4기까지의 과정을 진행했다. 새벽 기상, 독서, 운동 등 좋은 습관을 만들기 어려운 분들을 돕는 것이 주목적이었다. 2021년 6월 바디 프로필을 촬영했다. 촬영 전 7개월 동안 헬스장에서 꾸준히 개인 PT를 받은 결과였다. 셀카 미소 사진과 〈내 인생에 용기가 되어준 한 마디〉를 매일 낭독한 파일을 SNS에 올리고 있다. 덕분에 셀카 미소 연습과 낭독을 따라 하는 사람들이 많이 생겼다. 한국코치협회 주관 KAC, KPC 코치 자격증을 획득했다. 새벽 기상, 독서 등 습관을 만들기 어려운 분들을 대상으로 개인 코칭도 하고 있다.

깜빡이는 한 번도 해 보지 않았던 것들에 도전하거나 중단했던 것들이 있다면 다시 도전하는 것을 의미한다. 〈쫓기지 않는 50대를 사는 법〉을 출간한 이후 '인생 2막 준비 습관 스쿨' 오픈채팅방을 운영하고 있다. 습관 만들기가 어려운 분들, 습관을 만들다가 중단한 경험이 있는 분들, 특히 인생 2막 준비에 필요한 습관 만들기를 원하는 분들을 위한 플랫폼이다.

이곳에서 인생 2막 준비와 관련된 강연도 많이 했고, 인생 2막 깜빡이를 켠 분들의 강연도 많이 있었다. 깜빡이를 켠 분 중 유독 기억에 남는 한 분이 있다. 2022년 8월, 코로나가 한창인 시절이라 온라인 줌 미팅 프로그램을 통해 깜빡이를 켰던 사례를 이야기했다. 50대 초반까지 택시 기사를 했던 분이었는데 깜빡이를 켜고 새로운 직업에 도전했다. 또한 택시 기사 생활을 하며 오랫동안 습관화된 저녁형 인간의 삶을 버리고 새벽 4시 30분에 기상하여 독서와 운동을 습관으로 만들었다. 2019년부터 2022년 가을까지 208권의 책을 읽으며 강연에서 독서 사진을 보여주기도 했다. 2년 넘게 매일 독서와 기상 인증 사진을 올렸던 분이 2023년 7월경 인생 2막 준비 습관 스쿨 방에서 자취를 감췄다. 이분의 사례를 보고 떠올린 생각은 두 가지다. 지금도 깜빡이를 계속 켜고 가고 있는지, 아니면 원래 삶으로 돌아갔는지가 궁금했다. 분명한 것은 깜빡이를 켰던 소중한 경험이 남아 있다는 것이다. 깜빡이를 영원히 중단하지 않는 이상 이분의 삶은 성장할 것이라는 확신이 들었다.

2021년 외국계 은행에서 35년간 근무하다 퇴직한 분이 있다. 이분은 책 출간 후 내가 운영했던 퍼스널 습관 만들기 4주 과정에 등록하며 인연이 됐다. 고려사이버대 코칭학과 졸업, 코칭경영원 BCM과정 수료, 갤럽 강점인정코치, 에니어그램 코칭강사 등 그동안 수많은 노력과 도전 끝에 괄목할 만한 성장을 이뤘다. 지금은 ○○○코칭센터를 개설하여 스마트코칭 과정 운영, 기업 강연 등 여러 분야에서 성과를 내고 있다. 이분을 보며 지난 5년 동안 끝없는 배움과 도전 정신을 보게 됐다. 앞으로 이분은 깜빡이를 꾸준히 켜는 삶을 살 것으로 예상된다. 지금까지의 성과는 인생 2막의 최종 결과물이 아니기 때문이다.

그동안 깜빡이를 켜오며 생각한 것은 깜빡이를 켜오고 앞으로도 켜가는 사람, 켰다가 중단한 사람, 깜빡이를 전혀 켜지 않고 사는 사람들이 있다는 점이다.

가장 문제가 되는 부류는 깜빡이를 전혀 켜지 않고 사는 사람들이다. 이런 사람들은 대부분 자신만의 핑계와 이유가 있다. 내가 근무하는 직장에도 깜빡이를 켜지 않고 살아왔던 대로 사는 사람들을 많이 보게 된다. 그 이유는 정년을 보장해주는 안정적인 직장이기 때문이다. 이와 비슷한 사례는 공사·

공단 등에 근무하는 직원들에게 주로 나타난다. 흔히 공무원을 철밥통, 공사·공단을 신의 직장이라 표현하기도 하는데, 어쩌면 신이 버린 직장이 될 수 있다. 아무 준비 없이 어떠한 노력도 하지 않고 퇴직한다면 한 방에 훅 갈 수 있기 때문이다.

인생 2막 준비를 위한 내 안의 깜빡이를 켜야 한다. 깜빡이를 켜게 되면 지금까지 살아오면서 한 번도 생각하지 못했던 존재에 대한 질문 앞에 맞서게 된다. 예를 든다면, 나는 어떤 사람인지? 앞으로 삶을 어떻게 살아가야 하는지? 그러한 삶을 살기 위해 지금부터 무엇을 새롭게 해야 하는지? 이런 질문에 대한 답을 찾아가기 위해 실행하는 과정이 깜빡이의 본질이라 할 것이다. 생각만 하고 행동으로 옮기지 않는다면 진정한 깜빡이의 의미가 아니다.

깜빡이를 켜고 도전하는 삶에는 인고의 시간과 더불어 실패가 반드시 온다. 근육이 찢어져야 근력이 늘어나듯 깜빡이를 통한 성장도 근육처럼 찢어지는 아픔이 수반된다. 만약 깜빡이를 켰다가 중단한다면 어떻게 될까? 근력 운동을 중단하면 원상태로 돌아가듯 원래 살았던 평온한 생활로 자동으로 돌아가게 된다. 깜빡이는 일정 기간 켜고 끝내는 이벤트가 아니다. 실패하고 넘어져도 다시 일어나 목표를 향해 꾸준히 도전하는 삶을 말한다.

사는 대로 살아갈 것이냐, 아니면 그동안 해 보지 못했던 것

이나 해 보고 싶은 것에 한 번쯤 깜빡이를 켜고 도전할 것이
냐? 생각만 고쳐먹으면 깜빡이는 누구나 켤 수 있다.

있는 그대로
자신을 칭찬해 주기

"그동안 내가 살아왔던 삶의 무게를 저울에 단다면 얼마나 될까?"

누구나 삶의 무게는 무겁다고 생각하지, 가볍다고 생각하는 사람은 아무도 없을 것이다. 무겁다는 공통점은 있지만, 삶이라는 무게를 저울에 달아 비교할 수 있는 성질은 아니다. 모든 사람은 각자 자기만의 무거운 인생의 짐을 지고 걸어가는 고통 총량의 법칙이 존재한다. 분명한 것은 직장 생활을 오래 할수록, 연륜이 쌓일수록 삶의 무게와 고통은 점점 무거워지고 다양한 형태로 나타난다는 점이다.

예를 들어, 직장에서는 승진 불이익, 인사 불만, 직장 상사나 동료와의 불화 등이 있을 수 있고 가정에서는 자식 문제, 배우자 외도, 사별, 시댁이나 처가와의 갈등을 비롯한 부부 간 불화, 재정 문제 등이 있을 수 있다.

개인적으로는 처신을 잘못해 음주, 폭행, 사기 사건 등에 연루되기도 한다. 직장 생활 중 음주, 성 관련 비위 또는 개인적 신상 문제로 징계를 받고, 동료보다 승진이 늦어지며 인생의 고비를 경험하기도 한다. 또한 인간관계에서 빚어진 배신과 분노, 갑작스러운 가족이나 지인의 죽음을 경험하며 삶의 위기 앞에 마주 서기도 한다. 이러한 복잡다단한 삶 속에서 삶의 무게와 고통을 다스릴 수 없어 절체절명의 위기를 경험하기도 한다.

결국 우리가 그동안 경험했던 수많은 삶의 무게와 고통의 흔적은 자기만의 삶의 생활방식으로 나타난다. 인생에서 감당해야 할 고통이라는 본질은 같지만, 대처하는 방법은 사람마다 다르다.

어떤 사람은 '왜 내 인생은 이 모양이 됐을까?'라는 부정적인 생각에 마음을 지배당하며 살아간다. 반면, 삶의 무게와 고통을 재료로 삼아 인생을 진취적으로 개척하며 도전하는 삶을 살아가는 사람도 있다. 이런 차이가 나는 이유는 그 사람이 살아왔던 습관과 삶의 방식이 만들어낸 패러다임의 차이 때문이다.

삶의 무게와 고통의 무게가 나만 무겁다고 착각하는 생각이 마음을 지배한다면, 그것 또한 자신이 세상을 부정적으로 바라보았던 한 형태에 불과하다. 삶의 고통이 오랫동안 마음과 정신을 짓누르게 되면 의식의 저편에 나도 모르게 자연스럽게 새겨진 고정관념이 될 수 있다. 내 고통이 다른 사람의 고통에 비교하면 결코 가볍다고 생각할 수도 없고 무겁다고 할 수도 없다. 인생의 본질은 고통이므로, 누구나 그 고통의 무게를 짊어지고 삶이 끝나는 순간까지 걸어가야 한다.

인생 2막을 준비하지 않는다고 해서 고통이 사라지는 것은 아니다. 오히려 인생 2막을 준비하는 긴 여정 속에서 우리는 힘들고 고통스러운 순간들을 반드시 마주하게 된다. 이러한 긴 여정을 떠나기 전에 필요한 것이 있다. 바로 마음 챙김이다. 마음 챙김이 중요한 이유는, 자기 효능감을 높여주는 강력한 효과가 있기 때문이다. 그동안 살아오며 상처받고 힘들게 살았던 자신의 마음을 따뜻하게 어루만져 주어야 한다. 이 부분을 절대 간과해서는 안 된다. 자신을 있는 그대로 인정하고 보듬어 주는 것이야말로 지치지 않고 인생 2막 준비를 해나갈 수 있게 해주는 마음 강화 훈련이라 할 수 있다.

'이만하면 잘 살아왔어.'라고 스스로를 다독여주고 지금까지 고생하며 살아온 자신을 한껏 안아주어야 한다. 지금까지 한 번도 시도해보지 않았던 사람이 이런 행동을 한다면, 어떤 기분이 들까? 직접 입으로 말을 하면서 듣게 되는 자신의 목소리 외에도 모든 것이 어색하게 느껴질 것이다. 현재 있는 그대로의 모습을 스스로 칭찬하고 사랑한다고 말하는 연습을 꾸준히 해보자. 어느 순간 어색함이 사라지는 날이 반드시 오게 된다. 사소하다고 생각하는 작은 연습도 잠재의식에 스며들어 삶을 긍정적으로 바꾸는 탁월한 효과가 있다.

사내 코칭이나 개인 코칭에서 자주 쓰이는 단어가 '인정 칭찬'이다. 자신이나 상대방을 있는 그대로 인정해 줌으로써 자존감을 높여주는 효과가 있다. 인정하는 말은 사랑의 언어이자 칭찬의 의미를 담고 있다. 평소 대화에서 상대방에게 인정 칭찬하지 않았다면, 자신을 인정 칭찬하는 것은 더욱 어색하다. 어색하더라도 계속해서 꾸준히 연습하며 노력을 게을리하지 말아야 한다.

현재 내가 처한 상황이 삶의 고통과 무게로 다가 오더라도 있는 그대로의 상황을 받아들이고 사랑하는 태도를 가져야 한다. 인정 칭찬은 말로 직접 하는 것 외에도 글로 적는 등 다양한 방법이 있다. 인정 칭찬을 자주 하며 자신을 사랑하고 긍정적 사고로 전환하는 노력을 꾸준히 해야 한다. 한두 번으로 삶의 고통과 무게를 가볍게 할 수 없기 때문이다. 이러한 생각과 행동을 지속하면 자존감을 높이고 마음속 부정적 기운을 없애는 강력한 효과가 있다.

어떠한 상황에서도 자주 자신을 사랑하는 삶의 태도야말로 인생 2막 준비의 기본이 된다. 또한, 그동안 살아온 삶의 무게와 고통을 내려놓는 연습도 필요하다. 자신을 다독이지 않고 마음의 찌꺼기를 비워내는 연습을 하지 않으면, 인생 2막 준비를 위한 도약을 할 수 없다.

2010년 아내와의 사별로 한부모 가장이 된 이후에도 늘 자신에게 가장 많이 했던 말이 "이만하면 잘 살아왔다."며 자신을 다독이는 것이었다. 의식의 저편에 잠들어 있는 수고한 나 자신을 소환해서 칭찬해 주려 노력했다. 현재 처한 상황이 아무리 악조건일지라도 자신을 절대 신뢰하고 그동안 살아왔던 삶에 대해 위로해 주고 칭찬해 주는 자세로 살아왔다.

자신을 있는 상황 그대로 인정하는 연습을 꾸준히 하다 보면, 부정적인 생각이 서서히 사라지고 무언가 해봐야겠다는 의욕이 생기게 된다. 무언가 하기에 막막하고 두려운 단계를 없애는 가장 좋은 방법은 그동안 열심히 살아온 자신을 인정하고 칭찬하는 것이다. 처음부터 무언가 뚜렷한 목표를 찾아 나서는 사람은 거의 없다.

타인의 삶에
휘둘리지 않기

"테스트하고 문제없다고 해서 문제없이 거래했습니다. 반품은 어렵습니다. 더 할 말이 없습니다."

2024년 온라인 중고거래 플랫폼인 당근마켓에서 알톤 전기 자전거를 70만 원에 구매했는데, 판매자로부터 이런 문자를 받았다. 여러 번 전화했지만 말이 되지 않는 황당한 얘기만 되풀이 했다. 급기야 내 전화번호까지 차단해 버렸다. 이 모든 일이 구매 후 하루 만에 벌어진 일이었다. 당근마켓 고객센터에 문의해 본 결과, 구제 방법이 없다는 답변을 받았다. 70만 원을 떼일 상황이어서 분하기도 하고 황당하기도 했다. 며칠간 밤에 잠을 이루지 못할 수도 있었다. 하루에도 몇 번씩 이 일이 머리에서 떠나지 않는다면, 극도의 스트레스는 물론 다른 일에도 영향을 미칠 것 같았다.

이때 내가 선택한 감정은 사기 거래를 당하더라도 평정심을 가지려 노력하는 것이었다. 만약 내가 불안해하고 흥분해서 일상생활에 문제가 생긴다면 어떻게 될까? 판매자는 이 상황에 전혀 문제가 없는데, 내가 내 감정을 판매자에게 조종당하게 내버려 두는 셈이 된다. 마음에 들어오는 불편한 감정을 내려놓고, 돈을 떼이더라도 문제없다는 긍정적 마음가짐을 갖기로 했다.

상대방이 나를 자극하게 만들었지만, 그 자극으로부터 어떤 감정을 선택할지는 오로지 내 몫이 되는 것이다. 자극과 반응 사이에는 선택의 자유가 있다는 것을 떠올리며, 이 상황에 적용하려 노력했다. 덕분에 스트레스도 거의 받지 않았고, 잠도 평상시와 같이 잘 잤으며, 일상생활에도 전혀 문제가 없었다.

"자극과 반응 사이에는 선택의 자유가 있다."

유대인 의사인 빅터 프랭클은 아우슈비츠 죽음의 수용소에서 가족을 모두 잃었지만, 그가 유일하게 살아 나올 수 있었던 이유는 바로 이 문장에 있었다. 자신에게 최악의 육체적 정신적 고통이 찾아올지라도 선택의 자유까지는 침범하지 못한다는 것이었다. 죽음의 수용소에서 그가 선택한 4가지 자유는 자아의식, 상상력, 양심, 독립 의지였다. 이 4가지는 모든 사람이 타고난 능력이며, 노력한다면 누구나 이러한 자유를 선택할 수 있다는 사실을 알게 되었다.

이 사실을 깨닫지 못했을 때는 상대방이 스트레스를 주거나 화나게 하면 절제하지 못했다. 이 문장을 받아들이기 전후로 내 삶의 태도는 완전히 달라졌다. 내 삶을 온전하게 만들어 준 귀중한 문장임이 틀림없다.

특히 둘째 아이를 양육 과정에서 이 문장은 내 삶의 중심을 흔들리지 않게 하는 데 큰 역할을 했다. 둘째 아이는 2020년 코로나 발생 당시, 고등학교 입학 후 6개월 만에 학교를 그만두었다. 검정고시를 치렀고, 세 번의 수능 실패를 경험한 후 2024년 군에 입대했다. 한부모 가장인 나는 아이가 학교를 그만두기 전부터 군 입대까지 수많은 위기와 고통의 순간을 겪어내야 했다. 나는 아이가 내게 준 위기와 고통의 순간을 견뎌내며 인생을 배웠으며, 아이를 내 인생의 스승이라 말하기도 한다. 자극과 반응 사이에서 내가 선택한 것은 분노나 극심한 스트레스가 아니라, 사랑과 용서였다.

우리는 살아오면서 자녀 문제, 배우자 외도, 경제적 문제 등 가족 간 다양한 이해관계 속에서 분노, 상처, 고통을 너무 많이 경험한다. 사회생활을 하며 타인에게 받는 고통과 분노 등은 말할 것도 없다. 이런 순간 우리가 선택할 것은 분노라는 자극이 왔을 때 분노하지 말고 용서와 사랑을 선택하라는 것이다. 자극과 반응 사이에 선택의 자유가 있다는 것을 생각하면 더욱 명료하게 다가온다.

벼가 익을수록 고개를 숙이듯, 나이가 들수록 그 어떠한 분노가 발생하더라도 분노를 잠재울 수 있는 능력을 키워야 한다.

나는 반사적인 사람일까? 주도적인 사람일까? 이 문장 역시 자극과 반응 사이에 선택의 자유가 있다는 의미가 담겨있다. 그동안 여러 책을 읽으며 이 두 단어가 인생 2막 준비에 아주 중요한 사실임을 알게 되었다.

2025년 설 연휴 무렵, A 팀장으로부터 타인의 행동에 반사적이고 감정적인 삶을 사는 사람의 사례를 듣게 됐다. A 팀장은 업무 협의 차 ○○부서 B 사무관에게 협조 요청을 하러 갔다. B 사무관은 자신이 보고받은 바가 없다며 고함을 지르며 공포 분위기를 조성했다. 관련 규정을 보여줘도 보지도 않고 안하무인격으로 행동했다고 한다.

A 팀장의 이야기를 들으면 B 사무관과 같은 사람이 타인의 행동에 반사적인 사람이라는 것을 알게 되었다. 자신의 감정이 타인의 행동에 지배받도록 내버려 두는 B 사무관이야말로 자신의 삶을 주도적으로 살지 못한다는 생각이 들었다.

주도적인 사람은 타인의 행동에 따라 자신의 감정이 쉽게 영향을 받지 않는다. 반사적인 사람은 삶의 결과를 자기 내부에 두지 않고 외부에 두는 사람을 말한다. 자신의 현재 상태를 내면적 문제보다, 성장 환경, 직장, 사회 등 외부로 돌리는 사람들이다. 그들은 결손 가정, 지독한 가난, 폭력적 부모 등 자신이 자란 환경을 탓한다. 배우자를 잘못 만났고, 직장 상사를 잘못 만나서 현재 요 모양 요꼴이 됐다며 자신의 처지를 비관하기도 한다.

결국 반사적인 사람은 자신이 처한 환경과 타인의 행동에 의존적인 감정적 삶을 살며, 타인의 약점이 본인을 통제하도록 내버려 두는 꼴이 된다.

인생 2막 준비는 내 감정이 타인에 의해 휘둘리지 않도록 만드는 과정이다. 내가 원하는 삶을 살아가기 위해 주변 상황에 에너지를 소비하고 흔들린다면, 내게 주어진 시간은 그만큼 줄어들기 때문이다. 그 어떤 경우에도 타인을 원인으로 화를 내거나, 내 감정을 조종당하게 내버려 둬서는 안 된다.

주변을 보면 드라마 이야기나, 정치 이야기로 자신의 감정을 스스럼없이 드러내는 사람들을 많이 보게 된다. 모든 이해관계를 떠나 자신의 견해를 밝히는 것 자체는 아무 문제가 없다. 문제는 이러한 사회적 이슈들이 내 삶에 영향을 주어서는 안 된다는 사실이다. SNS를 보면 이런 문제로 엄청나게 에너지를 낭비하는 사람들을 보게 된다. 직접 이름을 밝히기는 어렵지만, 내가 아는 분들 중에도 이런 경우가 많다. 이런 사람들은 사회적 이슈로부터 내 감정을 조종당하게 내버려두고 있다. 이들은 삶의 분명한 목표가 없는 사람들이 대부분이다. 이런 일로 내 삶의 시간이 소비되고 있다는 사실조차 모르고 인생을 살아가기 때문이다.

퇴직 후 정치, 드라마 등 사회적 이슈로 분노하거나 극심한 스트레스를 받는 분들도 마찬가지다. 특히 자신의 정치 이념과 맞지 않는다는 이유로 자신과 잘 알고 지내는 사람과 감정싸움을 하며 많은 시간을 소비하는 분들을 보면 안타깝기 그지없다. 나이가 들수록 밴댕이 속이 되어 간다는 이유가 여기에 있다.

인생 후반기, 이런 삶의 전철로 닮아가지 않기 위해 챙겨야 할 것은 내 삶이 타인으로부터 조종당하도록 내버려 두어서는 안 된다는 사실이다.

노회와 확증편향은
말랑말랑하게

'대다나다'는 신조어가 무슨 뜻인지 알게 된 지는 얼마 되지 않았다. 요즘은 단어 첫 글자를 따서 축약한 신조어를 만드는 것이 유행이다. 하루가 다르게 늘어나는 신조어는 기성세대에게는 낯설기 그지없다.

작년 6월, 사무실 건물 현관 앞에서는 젊은 직원들이 출근하는 직원들에게 홍보물을 나눠 주며 캠페인을 벌이고 있었다. 홍보물에는 '대다나다' 문장과 함께 조직문화 혁신을 위한 10대 권장 사항이 적혀 있었다.

'대다나다'는 '대구는 다르게, 나부터 다르게'를 축약해 부르는 말이었다. 10대 권장 사항에는 점심은 상사 눈치 보지 않고 각자 알아서 먹기, 건배사는 생략, 점심 회식 적극 활용하기, 연가 및 유연근무는 눈치 없이 자유롭게 사용하기, 눈치 야근 없는 정시 퇴근하기 등이 내용이 적혀 있었다.

조직문화에 변화와 혁신의 바람이 불어오고 있음이 확실히 감지되었다. 이런 캠페인을 공식적으로 벌이는 것 자체만으로도 젊은 직원들이 기성세대들에게 경고장을 날린 것이나 다름없었다. 코로나 3년을 경험하며 저녁 회식 문화가 자취를 감췄다. 내가 아는 직장 동료뿐만 아니라 타 기관 그 어느 곳을 물어봐도 점심을 주로 하지 저녁 회식하는 곳은 없었다. 이뿐만이 아니다. '대다나다'가 말해주듯이 사무실 조직문화가 혁신적으로 바뀌고 있다. 기성세대가 MZ세대의 눈높이에 맞춰 변하지 않으면 더이상 생존할 수 없는 시대가 되었음을 의미한다.

직장과 사회 곳곳 어디에서나 수직적 권위는 사라지고 수평적 권위가 대세인 시대로 탈바꿈하고 있다. 만약 수직적 권위에 물들어 있는 공직사회 상사라면 부하 직원으로부터 자칫 갑질로 신고당해 징계나 형사 처벌까지 받을 수 있다. 공직사회가 아닌 일반 직장에서는 '직장 내 괴롭힘 방지법' 적용을 받아 처벌받게 된다. 사회가 변하는데 나의 고정관념이 변하지 않는다면 대단히 어려운 상황에 직면할 수 있다는 사실을 분명히 깨달을 필요가 있다.

직장에서 오래 근무했다고, 단지 오래 살았다는 이유만으로 부하 직원 또는 연하의 사람에게 자신의 지식, 경험, 연륜이 먹히지 않는 시대가 된 것이다. 젊은 사람들도 챗GPT를 포함한 온라인 매체를 통해 양질의 지식과 전문성을 얼마든지 확보할 수 있는 시대가 되었기 때문이다. 이러한 변화의 바람조차 모르고 그동안 살아왔던 삶의 방식만 고집하는 사람들에게 딱 어울리는 단어가 노회와 확증편향이다.

노회란 '노회하다'의 줄임말로, 세상을 많이 산 이해타산에 빠르고 쉽게 들뜨지 않으며 진보에 대해 회의적인 생각이나 태도를 가진 사람을 일컫는 말이다. 딱 어떤 사람이 떠오르는가? 직장 상사, 특히 퇴직을 앞둔 직장 상사가 생각날 것이다. 직장 생활을 2~30년 한 사람이라면 강압적이고 일방적 지시, 융통성이 전혀 없는, 요즘 말로 하면 갑질 상사를 경험했을 것이다.

갑질을 할 수 없는 세상이 되었지만, 노회한 사람은 여전히 눈에 드러난다. 세상 변화에 둔감하다. 자신에게 불편하거나 맞지 않는 정보에는 귀를 닫아 버리고 관심 있는 분야만 선택적으로 배우려 한다. 확증편향적인 태도다. 폭넓은 사고의 유연성과 융통성이 별로 없다. 그동안 살아왔던 인생의 지식과 지혜만으로 살아가더라도 여생을 살아가는 데 전혀 문제가 없다고 생각하는 사람을 말한다.

'이 나이에 무슨 도전이고 공부야, 연금 받으며 편안하게 여생을 보내야지.' 하는 관점이 바뀌지 않는다면 노회와 확증편향에 대해 생각해 볼 일이다. 나이가 들면 들수록 세대 간 소통, 자녀와의 소통은 물론 나와 생각이 다른 사람과의 소통도 더욱 어려워지기 때문이다. 이런 사람들은 과거 자신의 경험 위주로 이야기하며 예전에 인연이 되었던 사람 위주로 만남을 지속한다. 시간이 지나면 지날수록 과거 지향적인 삶을 살게 되어 꼰대의 길로 들어설 수밖에 없다. 공부하지 않고 도전하지 않는 이상 확증편향적인 사고는 바뀌기가 어렵다.

은퇴를 앞두고 특히 경계해야 할 대상이 노회와 확증편향에 물들어 있는 사람이다. 인생 2막을 준비하며 이런 사람을 만나게 되면 에너지가 방전되는 것은 시간문제다. 그들은 인생 2막을 준비하는 사람에게 부정적인 이야기나 엉뚱한 소리를 하며 편하게 살라는 유혹을 하기 때문이다.

나는 어린 시절부터 가부장적인 환경, 전통과 보수를 중시하는 가정에서 자랐다. 성장 환경뿐만 아니라 직장 생활부터 일상의 모든 일들이 권위와 연결되어 있었다. 결혼 후 설거지하는 것과 음식물 쓰레기를 버리는 것 등 일상의 소소한 일들이 나에게는 자존심이자 권위의 대상이었다. 당연히 결혼 생활에서 수많은 마찰이 있을 수밖에 없었다.

2010년 아내와 사별 후 한부모 가장으로 오랫동안 살아왔던 나는 아이들을 대하는 가부장적인 권위를 내려놓기 시작했다. 아버지라는 이유로 일방적인 행동과 지시로 생활하던 방식에서 아이들을 인격적으로 대하는 방식으로 바꾸기 시작한 것이다. 가정에서 자식을 대하는 태도가 바뀌자 사무실에서 직원들을 대하는 태도 또한 바뀌기 시작했다. 직장 생활은 가정의 연장선이다. 가정에서 가부장적인 삶을 버리지 못하면 직장 생활에서 MZ세대 직원과 마찰을 빚을 확률이 아주 높다. 가정에서 아이를 인격적으로 대하듯, 직장에서 MZ직원을 대하게 되면 소통에도 큰 어려움이 없게 된다.

노회하거나, 확증편향에 물들어 있는 직장 상사가 MZ세대 직장인들을 만나면 어떻게 될까? 나와 생각이 다르다는 이유로 MZ세대의 견해를 이해하지 못하거나 받아들이지 않는다. 서로 소통이 되지 않는다. 평소 옳다고 생각해 왔던 것에 상대방은 다른 견해를 가질 수 있음을 이해하거나 받아들일 줄 알아야 한다. 받아들이지는 못할망정 이해조차 할 수 없게 되니 소통이 될 리가 없다.

직장 문화, 결혼관, 인생관, 세상을 바라보는 관점 등 모든 것이 바뀌면서 사회에서 정한 통념의 기준도 시대의 변화와 함께 사라지고 있다.

기성세대의 권위는 더 이상 인정되지 않는다. 위로부터의 권위는 사라지고 온라인을 통해 연결되는 개인의 시대가 되었다. 나이가 많다거나 직장 상사라는 이유만으로 더이상 자신의 권위를 고집할 수는 없는 노릇이다.

내 생각이 맞지 않을 수도 있다는 사고의 유연성이 필요하다. 가정은 물론 직장과 사회 곳곳에서 노회와 확증편향에 사로잡혀 있는 기성세대들은 설 자리가 점점 없어지고 있음을 알아야 한다. 노회와 확증편향이 있다면 이를 말랑말랑하게 해야 한다.

육안보다는
심안이 더 중요하다

"길이 끝나는 곳에 길이 있다."

정호승 시인의 〈봄길〉이라는 시의 첫 구절이다. 시인이 집필한 〈내 인생에 용기가 되어 준 한 마디〉에서도 이 시가 등장한다. 2018년부터 이 책을 27번째 낭독하며 이 시를 내용으로 글쓰기 한 것이 12편이나 되었다. 이 시의 핵심은 길은 끝나는 것이 아니다. 막혀 있는 것도 아니다. 막혀 있다면 그 길에서도 스스로 길을 만들어 가면 된다는 것이다. 즉, 우리의 인생길도 대다수는 넓고 가기 편안한 길로 가는데, 그런 길로 가지 말라고 이야기한다. 가지 않았던 길을 가라, 막힌 길이 있다면 뚫고 가라, 가다 보면 새로운 길을 만난다. 이 시에서 말하는 길은 내가 마음으로 그려내는 상상의 길이다.

상상의 길을 잘 그려내는 사람은 마음의 눈이 밝은 사람이고, 반대의 경우는 마음의 눈이 아주 어두운 사람이다. 우리 안에 있는 마음의 눈은 밝히려고 스스로 노력하지 않으면 절대 밝아지지 않는다. 마음의 눈은 다른 말로 심안이다. 나이가 들수록 눈으로 사물을 볼 수 있는 육안(肉眼)은 약해지지만, 심안(心眼)은 나이와는 전혀 관계가 없다. 심안은 계발하면 할수록 더욱 명료하고 풍부하게 바라볼 수 있다.

인생 2막 준비에 있어 육안보다 내면의 모습을 선명하게 그려낼 수 있는 심안이 더 중요하다. 심안을 통해 은퇴 후 자신의 미래를 보는 눈이 명확하게 그려진다면 현재에 머물러 있지 않는다. 미래의 모습을 선명하게 그려내며 지금 도전하는 일을 끝까지 밀고 나갈 수 있기 때문이다. 마음의 눈이 잘 보이지 않으면 도전 의식이 약해져 중단될 수 있고, 현재에 안주하는 삶을 살 수 있다.

그동안 인생 2막을 준비하며 내 삶의 패턴을 바꾸기 위해 도전했던 수많은 것들에는 내 미래를 보는 마음의 눈이 항상 작동하고 있었다.

식습관을 바꾼 것이 대표적이다. 마음의 눈이 작동하기 전에는 햄버거, 피자 등 인스턴트 음식과 밀가루 음식, 가공 음식, 맵고 짠 음식을 즐겨 먹지는 않았지만 가끔은 먹었다. 내 미래를 보는 마음의 눈이 명확하게 켜진 이후로는 그러한 음식들을 일절 먹지 않으려 노력한다. 이러한 음식들이 내 건강 생명을 단축시키는 치명적인 음식이라는 것을 생생하게 그려낼 수 있기 때문이다.

"습관을 이용한 자살에는 오랜 시간이 걸린다."

빌브라이슨이 집필한 〈바디: 우리 몸 안내서〉에 나온 문장이다. 나쁜 습관이 결국에는 서서히 자살의 길로 가게 만든다는 무서운 말이다. 특히 몸에 안 좋은 음식을 먹지 않거나 절제할 때 마음으로 생생하게 그려내는 문장이다. 이 문장을 통해 심안을 밝게 그려내는 사람은 미래 건강을 위해 현재 나의 잘못된 식습관을 바꿀 수 있다.

내면의 자신을 바라보는 마음의 눈이 자동으로 확 떠질 때가 있다. 갑작스러운 암 선고 등 불치병이 걸렸거나 살아갈 날이 얼마 남지 않았을 때다. 이 경우 자신의 내면을 바라보는 깊은 안목이 생기게 된다. 내 존재의 본질이 무엇인지 묻게 되고 내 미래의 모습을 생생히 그려낼 수 있다. 그려내려고 노력하지 않아도 자동으로 그려지게 된다.

심안(心眼)이 밝아지는 또 다른 경우는 가족, 친척 또는 지인의 갑작스러운 죽음으로 큰 충격을 받았을 때다. 이러한 경우에도 마음의 눈이 밝게 떠져 행동을 바꾸는 요인이 된다.

내가 행동을 바꾼 결정적 요인은 2003년 형님의 사고사,

2008년 큰 누님의 질병사, 그리고 2010년 아내와의 갑작스러운 사별이었다. 내가 경험한 가족의 죽음은 내 인생의 본질이 무엇인지 내면을 보게 해 주며 심안을 밝게 해 주는 결정적 계기가 되었다.

삶의 위기를 통해 마음의 눈을 꾸준히 밝히는 사람이 있는가 하면, 잠시 심안이 열렸다가 다시 감아 버리는 사람도 있다. 현실 지향적인 삶에 매몰되면 미래를 풍부하게 그려내는 심안(心眼)을 보는 힘이 약해진다.

〈김미경의 마흔 수업〉을 펴낸 김미경(61) 작가는 절체절명의 위기를 직접 경험하지 않고 변화했던 대표적인 인물이다. 40대 중반의 나이에 "인생 후반기 배치도"를 새로 그렸다. 이때부터 하루 24시간을 쪼개 살기 시작했다. 심안의 눈이 명확하게 작동했기 때문에 가능했다. 심안의 눈을 밝히기 위한 자기 성찰을 한 것이었다. 김미경 작가처럼 누구라도 자기 성찰을 통해 얼마든지 심안의 눈을 밝힐 수 있는 능력이 있다.

마음의 눈이 밝은 사람은 이대로 살아서는 안 된다는 사실을 명확하게 그려낼 수 있지만, 마음의 눈이 흐린 사람은 인식만 할 뿐 생생하게 다가오지 않는다. 평소 마음의 눈을 그려내는 노력을 하지 않으면 내 미래를 생생히 볼 수 없다.

심안을 밝힐 수 있는 방법에는 다음의 세가지 방법이 있다.

첫째는 내 미래 모습을 생생히 상상할 수 있는 시각훈련이다. 시각 훈련에는 명상, 요가, 산책, 걷기, 달리기, 독서, 여행 등 여러 가지 방법이 있다. 어떠한 방법으로 하든 간에 심안을 밝게 하기 위해서는 홀로 있는 시간을 가져야 한다. 홀로 내면의 자신과 만나는 시간은 아무것도 보이지 않았던 내 미래의 모습을 서서히 보게 해 주는 빛이 된다. 그동안 내가 가장 오랫동안 해 왔던 것은 명상이다. 매일 아침 기상과 동시에 내면의 자신을 만나고 내 미래의 모습을 풍부하게 상상하는 시간을 가진다. 책 속의 명문장을 떠올리며 시각화 훈련도 한다.

두 번째는 일기와 글쓰기다. 중·고등학교와 대학 시절에 일기를 썼다. 직장 생활을 하면서도 틈틈이 일기를 써 왔다. 이근후 박사의 〈나는 죽을 때까지 재미있게 살고 싶다〉에서 1년 동안 일기 쓰기를 권하는 부분을 읽고 1년 동안 하루도 빠지지 않고 일기를 쓴 적도 있다. 글쓰기는 2017년 독서 습관을 본격적으로 만들면서부터 시작했다. 이런 것들은 현실에 안주하기보다 내 미래의 모습을 생생히 떠올리는 데 도움을 준다. 일기와 글쓰기는 마음의 눈을 밝게 하는데 확실한 효과가 있다.

세 번째는 코칭이다. 코칭은 타인으로부터 받을 수도 있지만 셀프 코칭도 가능하다. 주로 존재에 대한 질문과 미래에 대한 질문을 던지며 심안을 키워낼 수 있다. '나에게 인생 2막이란 무엇인가? 인생 후반기에 꼭 이루고 싶은 것은 무엇인가? 타임머신을 타고 앞으로 10년 후로 여행을 떠난다면 나는 어디에서 무엇을 하고 있을까?' 이런 질문을 자주 하는 것은 심안을 밝게 해주는 데 탁월한 효과가 있다.

심안은 인간만이 가진 천부적인 능력인 의식 확장과 상상력을 통해 가능하다. 우리 인간은 돌발적인 사건을 통해 시각을 넓힐 수 있지만, 직접적인 경험이 없더라도 의식 확장과 상상력을 통해 충분히 미래 모습을 그려낼 수 있다.

내 미래를 생생히 그려내는 심안의 능력을 키워내는 것은 인생 2막 준비에 있어 무엇보다 중요하다.

자존감
높이기

인생 2막 준비를 잘하기 위해 높은 자존감이 왜 중요할까? 이 이야기를 풀어내기 위해 50년 이상 살아온 삶을 간략히 이야기해 보고자 한다. 나는 어린 시절부터 남의 눈치를 많이 보며 성장했다. 농사를 짓는 부모님과 가난한 집안 환경은 자존감을 낮추는 데 큰 영향을 미쳤다. 중·고등학교 때는 '키가 작고 머리도 큰, 일명 땅딸이'라는 놀림을 받은 적이 있다. 학창 시절에는 선생님으로부터 혼난 적이 많았지, 칭찬받는 일은 거의 없었다. 나이가 6살 차이가 나는 형에게는 구박도 받고 많이 맞기도 했다. 부모님으로부터도 잘한다는 칭찬 한마디 듣지 못하고 자랐다. 이런 성장 환경은 낮은 자존감을 형성하게 했다.

내가 다닌 대구한의대학교 환경보건학과라는 학부도 늘 나를 고개숙이게 만들었다. 한의대에서 한의예과를 제외한 모든 학부는 속칭 들러리 과였다. 학부 이야기를 하면 '대구한의대학교에도 환경보건학과가 있나?'라는 말을 수도 없이 들었다. 2010년 미국 연수 시절에는 얼떨결에 출신 대학을 다른 대학으로 이야기하는 사고(?)를 치기도 했다. 지방 무명 대학도 모자라 한의대학교 들러리 과라는 잘못된 프레임은 자존감을 갉아먹는 해충과 같았다. 있는 것을 있다고 말하고 없는 것을 없다고 당당하게 말할 수 없다는 자괴감은 내 자존감에 더 큰 상처를 남겼다.

그렇게 상처받은 자존감은 치유 받을 기회도 없이 성인이 됐다. 직장 생활은 어떤가? 상명하복과 같은 군대 문화는 아니었지만, 공직사회는 수직적 조직문화가 팽배해져 있었다. 부서에서는 동료 직원과 상사의 눈치를 보는 직장 생활이 이어졌다. 어떤 이야기나 행동을 할 때 다른 사람이 어떻게 생각할지를 늘 염두에 두었고 타인의 시선을 과하게 의식하는 직장 생활을 하게 된 것이다.

내 주장을 당당하게 펴지 못했다. 당연히 발표 불안으로 이어졌다. 세미나나 연수회에서 사례를 발표하는 일은 가장 두렵고 힘든 일이었다.

낮은 자존감은 가정생활에도 영향을 미쳤다. 내가 정한 삶의 기준을 아내와 아이들에게 강요했다. 각자 다른 성향과 개성을 포용하지 못했다. 인격적으로 존중하는 마음도 부족했다. 부부 싸움은 물론 아이들에게도 큰소리를 쳤던 수많은 기억이 떠올랐다.

가난했던 가정 환경과 숨기고 싶었던 대학 학부에 대한 상처와 열등감은 나이가 든다고 자연적으로 치유되는 것이 아니었다. 50의 나이가 되어도 자존감 나이는 여전히 어린아이 단계에 머물러 있었다. 2018년 송수용 작가님이 운영하는 자존감 치유 과정을 듣게 되면서 서서히 자존감이 회복되는 계기가 됐다. 자존감이 높아지며 어떠한 난관도 부딪치며 헤쳐 나갈 자신감이 생겼다. 2021년 첫 책 출간 후 도전을 지속하게 된 것도 자존감이 높아졌기 때문에 가능했다. 자존감이 낮았더라면 타인을 의식하고 눈치를 보는 등 당당한 모습으로 도전할 수 없었을 것이다.

과연 지금 나의 자존감은 온전할까? 인생 2막 준비의 첫 단추는 자존감과 관련한 근본적인 물음에 직면하는 것이다. 자존감을 치유하고 회복하는 것은 인생 2막 준비에 있어 가장 우선적으로 해야 할 일이다. 자존감이 낮다는 것은 비유하자면, 마치 자동차 브레이크 페달을 밟고 있는 상태에서 속도를 내려는 것과 같다.

　살다보면 '그 못난 자존심 때문에' 이런 말을 주위에서 듣거나 직접 하는 경험을 하게 된다. 평소 가족이나 타인과 자주 다투는 편이라면 자존심이 강한 것이 아닌지 의심해 볼 필요가 있다. 자존심이 강한 사람은 누군가 자신을 무시하거나 자기가 정해 놓은 선을 넘어서면 이해와 용서, 타협보다는 분노와 다툼으로 이어지는 경우가 많다. 스스로 정해 놓은 선이 자존심의 선이다. 자신이 정한 자존심의 선이 강한 사람은 얕은 우물과 같아서 미세한 바람에도 물결이 일렁인다. 반면 자존심을 내세우지 않는 사람은 깊은 우물과 같아서 어지간한 바람에도 물결이 일렁거리지 않는다.

　자존심이 센 두 사람이 만나 결혼하면 어떻게 될까? 사사건건 다툼이 발생한다. 다툼이 분노로 폭발하여 상대방의 가슴에 평생 대못을 박을 험악한 말을 하기도 한다. 돌이켜 보면 사별했던 아내도 자존심이 셌고, 나 또한 무식할 만큼 셌다. 아내와 사별 후 뒤돌아서서 생각해 보니, '그 못난 자존심 때문에'라는 말은 나 자신을 향해 했던 회한과 후회의 눈물이었다. '그 못난 자존심 때문에'를 다시 말하는 일은 내 인생에 두 번 다시 없어야 한다는 것을 절감했다. 부부 싸움을 하며 상대방 가슴에 대못을 박는 험악한 말도 알고보면 센 자존심이 원인이 되는 경우가 많다. 센 자존심은 자신의 존재감을 지키려는 일종의 방어막이 되는 셈이다.

자존심이 남에게 지기 싫어하는 마음이라면, 자존감은 스스로를 가치 있게 여기는 마음이다.

지금 나의 자존감 점수는 10점 만점에 몇 점 정도일까? 9점은 주고 싶다. 자존감 치유 과정을 수강하고 꾸준히 자존감을 높이는 연습을 했기 때문이다. 상처받은 자존감은 시간이 지난다고 자연스럽게 높아지지 않는다. 자존감을 높여주는 연습이 필요하다. 자존감은 자기를 사랑하는 마음과 자기 효능감이 높은 상태를 말한다. 자존심이 센 사람은 상대적으로 자기 효능감도 낮고 회복탄력성도 낮다. 자존감도 당연히 낮을 수밖에 없다. 자존심과 자존감의 높고 낮음은 서로 상반된 관계에 있기 때문이다.

인생 2막 준비에 있어 자존감을 높이는 것이 우선되어야 한다. 할 수 없다는 부정적 에너지를 긍정으로 바꿔주는 가장 기본은 자존감이 높은 상태에서 태동하기 때문이다. 인생 2막의 준비는 그동안 내가 한 번도 가지 않았던 황무지 길을 홀로 개척해 가는 것과 마찬가지다. 이러한 험난한 여정을 지속하는 데 필요한 무기는 자존감을 높이는 것이다.

너새니얼 브랜든(Nathaniel Branden)은 미국의 심리학자이자 철학박사다. 그는 30년 동안 자존감 분야를 연구하며 수천 명의 환자를 치료한 경험을 토대로 인간 생활의 문제 원인이 낮은 자존감과 관련이 있다고 했다. 그는 〈하루 15분, 자존감 수업〉에서 자존감을 올려야 삶이 안정된다고 강조하고 있다.

직장 생활 34년 차다. 민원인을 대할 때 유독 민감한 직원이 있다. 아무것도 아닌 일이 말다툼으로 번지며 언성이 높아지기도 한다. 이런 경우를 수없이 봐 왔다. 나 또한 자존감이 낮았을 시기에는 작은 일에도 큰소리를 치는 경우가 허다했다. 직장 동료나 상사 또한 자기 마음에 들지 않는다고 큰소리를 치는 경우가 많았다. 모두 낮은 자존감과 연관이 있다. 자존감이 낮으면 자기 방어 본능이 높다.

과연 나의 자존감은 어떠한 상태인지 끊임없이 반문해 보자. 솔직히 인정할 것은 인정하고 자존감 치유를 받으며 인생 2막 준비를 시작해야 할 것이다.

인생 후반기
나만의 나침반 만들기

"인생을 삶의 종착지로 가는 배로 비유한다면, 왼쪽의 배(돛단배)가 맞을까요? 아니면 오른쪽의 배(여객선)가 맞을까요? 채팅창에 남겨주세요."

온라인 강의에서 참여자들에게 두 가지 종류의 배를 보여주며 어떤 배가 우리 인생의 배인지 물은 적이 있었다. 의외로 한두 사람은 돛단배가 아니라, 여객선이라고 채팅창에 남겼다.

과연 우리 인생을 배로 비유한다면, 여객선이 맞을까? 동의할 수 없는 일이다. 누구나 인생은 홀로 외롭게 종착지를 향해 항해하는 돛단배이지 여객선이 아니다. 배우자나 든든한 정신적 후원자가 있든 없든, 인간은 홀로 주체적으로 살아가는 존재이기 때문에 인생은 돛단배와 같다.

인생의 바다에서 돛단배를 움직여 앞으로 나아가기 위해서는 자기만의 인생 나침반을 만들어야 흔들림 없이 종착지까지 갈 수 있다. 이때 나만의 나침반은 무엇을 말할까? 내 인생의 가치, 사명, 흔들리지 않는 인생철학 등을 말한다.

"내 인생의 가치가 무엇인지 잘 모르겠는데요. 가치가 뭐죠?"

인생 2막 준비에 관심이 있는 직원들과 대화를 나누다 인생의 가치에 관한 질문을 던지면 자신의 인생 가치에 대해 명확히 답변하는 직원은 아무도 없었다.

나 또한 그랬다. 인생 2막을 준비하며 내 삶의 가치와 사명 등이 무엇인지조차 몰랐다. 그동안 승진과 재정적 자유를 위한 외적 성장에 집중하는 소유의 삶을 살았지, 내 존재의 삶에서 중요한 것이 무엇인지 모르고 살았기 때문이다. 퇴직을 앞두거나 준비를 하게 되면 상황이 달라진다. 내가 퇴직 후 무엇을 하며 어떻게 살아야 할지 고민할 수밖에 없다. 퇴직 후 What과 How의 방향을 잡아 주기 위해서는 내 인생의 가치, 사명, 인생철학 등이 담긴 나만의 나침반을 찾아내거나 만들어야 한다.

"우리는 가치대로 살 때 마음이 편안하고 긍정적 에너지가 나오며 성취감을 느낀다. 가치는 어떠한 대가를 치러서라도 지키고 싶은 나의 소중한 것이다.”

몇 년 전 ‘아시아코치센터’에서 코치 자격증 공부할 때 가치의 중요성에 대해 배웠던 내용 중 일부다. 삶에서 가치가 중요하다는 사실은 2003년부터 20년 이상 영어 공부를 지속해 오면서 깨닫게 됐다. 영어 공부는 내 인생에 여행이라는 소중한 가치가 있었기 때문에 지속할 수 있었다. 만약 내 삶에 여행이라는 가치가 없었다면 영어 공부는 중단했을 것이다. 외국 여행만 생각하면 내 가슴은 설렜고 그 설렘이 영어 공부를 지속하게 했다. 20년 이상 영어 공부를 통해 깨달은 사실은 나에게 배움이라는 가치도 있다는 것이었다.

“열심히 살아야지, 후회하지 않는 인생을 살아야지, 인생 1막은 추락해도 2막은 추락하지 말아야지.”

아내와 사별한 지 12년째 되는 해, 아이들과 함께 공원묘지에 가서 나에게 했던 말이다. 2010년 한부모 가장이 되며 내 삶의 중심 단어가 된 것은 추락하지 않는 삶을 사는 것이었다. 홀로 두 아이를 양육하며 부동산 경매를 배웠고, 새벽 기상 습관을 만들어 남들보다 더 열심히 살아가려고 노력했다. 15년이 지났지만 추락하지 않겠다는 일념은 일상에서 잊은 적이 없었다. 인생 후반기에도 추락하지 않겠다는 생각이 자연스럽게 나의 신념이자 인생철학이 되어 버렸다. 그동안 내 안의 깜빡이를 켜고 도전했던 밑바닥에는 배움의 가치와 인생 후반기

추락하지 않아야겠다는 나만의 확고한 신념이자 인생철학이 숨어 있었다.

나만의 인생철학, 가치, 사명 등은 그동안 살아왔던 삶에서 찾아낼 수도 있고, 새롭게 설정하여 인생 후반기 삶의 목표로 삼을 수도 있다.

내가 새롭게 설정한 인생 후반기 삶의 가치는 이타적인 삶과 사랑이다. 이러한 가치를 설정하기 이전보다 종교단체와 사회 복지시설 등에 대한 후원이 월등히 늘어났다. 2020년, 30년 만에 중단했던 헌혈을 다시 시작하여 25번째 이어지고 있다. 손해 보는 것이 이익이라는 이타심이 내 삶의 중심 언어로 자리 잡고 있다.

건강은 내 삶의 가장 중요한 가치 중 하나다. 내가 먹는 음식, 수면, 운동, 스트레스 관리 등 일상 속에서 건강이라는 소중한 가치는 늘 살아 숨 쉬고 있다. 건강의 가치를 가볍게 여겼을 때는 식습관, 운동, 수면, 스트레스 관리에 대한 뚜렷한 기준도 없이 생활했다. 건강을 최고 중요한 가치로 정한 이후에는 아주 엄격한 기준을 세워 일상을 대하고 있다. 적당히 먹는다는 것은 젊어서는 통할지 모르지만, 나이가 들면 적당한 것은 있을 수 없다. 밀가루, 가공 음식, 냉동식품 등 소화기관이 싫어하는 일체의 음식은 먹지 않으려 노력한다. 일상에서 아무리 힘든 일이 생기더라도 긍정성을 유지해 스트레스를 줄이려 노력한다.

인생 후반기 나만의 나침반은 스스로 만들어 가야한다. 인생 가치와 사명, 인생 철학 등 나만의 나침반이 매사에 적용돼야만 인생 후반기 삶이 흔들리지 않는다.

책 출간 후 강연, 독서 모임, 온라인 등을 통해 인연이 된 분들이 많이 있다. 이들을 보면 나보다 고수인 분, 비슷한 분, 나보다 후발 주자로 시작한 분, 이렇게 세 부류로 나뉜다. 인생 2막 준비를 하게 되면 이 세 부류의 사람들이 유기적으로 연결돼 시너지가 나타난다. 서로 교학상장(教學相長)하며 성장할 수 있기 때문이다. 반면 후발 주자로 뛰어든 사람들을 보면 나만의 나침반이 무엇인지조차 모르거나 아예 작동되지 않는다. 이분들은 새로운 도전이나 목표를 향해 나아갈 때 대충 살아가는 사람들의 유혹에 넘어가기 쉽다. 내 삶의 가치, 사명, 나만의 인생철학과 목표 등 내 인생의 나침반이 없기 때문이다.

반면, 나보다 고수인 롤 모델이나 멘토 등을 만나면 이분들에게는 확고한 자신만의 나침반이 있다는 것을 깨달을 수 있다. 그들은 주변의 유혹에도 삶이 흔들리는 법이 없다.

두 번 다시 오지 않을 인생, 대충 살거나 적당히 살아서는 안 된다. 이렇게 살아가는 대부분의 사람은 자신만의 나침반이 없다. 나만의 인생 나침반을 만들어 그 방향대로 살아가도록 노력해야 한다.

인생의 나침반이 분명한 사람은 어떤 고난과 역경이 닥쳐도 인생의 목적지를 향해 나아갈 수 있다. 나침반이 무엇인지도 모른 채 살게 된다면 인생의 종착지가 어디인지조차 모른 채 이리저리 표류하다 생을 마감하게 될 것이다.

가치라는 것은 한 개인의 삶에서 뼈대와도 같은 것이다. 가치가 무너지면 삶이 무너지는 것과 같다. 삶의 가치는 오랫동안 형성된 습관에서 묻어난다. 습관은 삶으로 살아왔던 과정에서 가치가 내면화됐기 때문에 쉽게 바뀌지 않는다. 만약 새로운 가치를 설정하고 체화해 삶으로 묻어나기까지는 오랜 시간이 걸릴 수밖에 없다.

삶이 흔들리는 이유 중 하나가 내가 살아가야 하는 의미와 존재가 무엇인지 찾지 못할 때다. 내가 살아가는 삶의 의미를 찾는데는 소유의 삶보다는 존재의 삶으로 무게를 옮겨야 한다. 인생 후반기를 제대로 살기 위한 존재의 삶의 중심에는 내 인생의 가치, 사명, 인생철학 등 흔들리지 않는 나만의 나침반을 만들어 나가는 것이 무엇보다 중요하다.

인생 2막 준비를 위한
나만의 피라미드 쌓기

최근 지인으로부터 퇴직 후 무엇을 할 것인지에 대한 질문을 받은 적이 있다. 그동안 인생 2막 준비를 착실하게 해 온 나로서는 이 질문이 스스로 정리하는 시간을 만들어 줬다. 퇴직 후에는 코칭, 네트워크 사업, 책 쓰기, 강연, 여행하는 삶 등을 인생 2막의 목표로 삼을 수 있다. 이런 목표를 세우게 된 것은 인생 2막 준비 과정에서 내가 하고 싶은 것을 찾아냈기 때문이다.

2021년부터 2년에 걸쳐 한국 코치협회 주관 KAC, KPC 코치 자격증을 취득했다. 그동안 강연에서 코칭 질문을 활용하기도 했고, 개인 코칭을 통해 코칭의 강력한 효과를 경험할 수 있었다. 사람을 변화시키는 데에는 티칭, 컨설팅, 멘토링, 상담 등 여러 방법이 있지만, 코칭이 가장 강력하다는 사실을 몸소 깨닫게 됐다. 그동안 내가 해 왔던 경험을 통해 인생 2막 준비에 어려움을 겪는 분들에게 도움을 줄 수 있다는 목표가 생겼다. 1년에 100명 정도의 사람들에게 인생 2막 준비를 스스로 할 수 있도록 깜빡이를 켜 드리는 것을 목표로 잡았다.

네트워크 사업에 대한 목표는 2021년 책 출간 후 네크워크 사업을 하는 사람들을 자주 만났던 것이 계기가 됐다. 암웨이, 뉴스킨, 매나테크, 독일 PM, 효소 사업을 하는 다양한 분들을 만나며 네트워크 사업에 대한 부정적 인식을 바꿀 수 있었다. 로버트 기요사키의 〈부자 아빠의 21세기형 비즈니스〉를 읽으며 네트워크 사업에 대한 부정적인 생각을 완전히 바꾸는 계기가 됐다. 이 책에서 네트워크 사업을 21세기형 미래 사업으로 추천한 것이다. 네트워크 사업은 주로 건강 보조 식품을 판매하는 곳이 많다. 그동안 건강 보조 식품을 먹으며 건강에 좋은 효과를 체험했고, 퇴직 후 네트워크 사업을 해도 무리가 없다는 생각이 자연스럽게 들었다.

마지막으로 책 쓰기, 강연, 여행자의 삶은 인생 후반기에 결코 버릴 수 없는 나의 인생 목표라 할 수 있다. 인생 후반기에 10권의 책을 출간하는 것을 목표로 잡았다. 이 목표는 2020년 조성희 대표의 마인드 파워 교육을 받을 때 정했던 목표였다.

10권의 책을 쓰기 위해 그해 9월부터 블로그 글쓰기 1일 1포스팅을 단 하루도 쉬지 않고 지금까지 이어져 오고 있다. 2026년 2월 18일을 기점으로 블로그 글쓰기 1일 1포스팅 2,000일을 달성했다. 이 또한 나에게 큰 성과 중 하나다. 앞으로 출간되는 책 중 한 권은 10쇄까지 인쇄되는 것을 새롭게 목표로 잡았다. 고명환 작가의 〈고전이 답했다〉가 10쇄 인쇄되는 것을 보고 영감을 받고 정한 목표다. 퇴직 후 책을 쓰고 강연하며 독서와 여행하는 일상을 상상하면 가슴이 설렌다.

퇴직 후 무엇을 할지에 대한 밑그림은 하루아침에 완성된 것이 아니다. 인생 2막 준비를 위한 피라미드를 착실히 쌓아 올린 결과였다. 나의 인생 2막 피라미드를 쌓는 일은 지금도 진행 중이다. 내 인생의 종착역에 닿을 때까지 피라미드는 중단 없이 쌓여 간다. 피라미드를 쌓는 일은 중단할 수 없다. 누구라도 인생 2막 준비를 위한 나만의 피라미드를 쌓아 나가야 한다. 피라미드의 형태는 세 가지 단계로 진행된다.

첫 번째는 자기 계발이다. 자기 계발은 내 안에 잠재된 능력을 계발하는 것이다. 평소 내가 해 왔던 취미 활동이나 중단했던 취미를 다시 시작하며 자기 계발을 시작할 수 있다. 취미 활동은 자기 계발과는 다르다. 취미 활동이 그저 재미있게 하는 것이라면 자기 계발은 재미에 더해 고통, 노력, 시간이라는 재료가 반드시 투입되어야 한다. 자기 계발은 취미를 통해 그 분야의 역량을 한 단계 높이는 것이다. 취미 활동을 꾸준히 하다 보면 자기 계발의 길이 열린다. 취미 활동으로 가볍게 시작해 자기 계발로 이어지는 구조다. 인생 2막 준비로 무엇을 할지 모른다면 가장 쉽게 시작할 수 있는 것이 자기 계발이다.

자기 계발 과정은 마치 종착역이 언제인지도 모르고 무던히 가야 하는 미지의 길과 같다. 지루하고 힘들며 고난의 길이기도 하다. 나의 잠재된 재능이 무엇인지 잘 모르기 때문에 첫 시작은 이것저것 넓게 시작하여 범위를 서서히 좁혀가는 것이 피라미드를 쌓는 것과 흡사하다. 자기 계발은 인생 2막 준비의 시작이자 가장 빠른 길이다.

두 번째로 쌓아야 할 피라미드는 인생 후반기 내 존재의 의미가 무엇인지 묻는, 존재적인 삶의 피라미드다. 인생 1막 대부분은 승진과 경제적 자유를 위한 소유의 삶을 살았다. 인생 후반기가 불안한 이유는 나만의 명확한 존재 이유를 찾지 못했기 때문이다. 내가 살아가야 하는 존재 이유를 찾기 위해 내면의 나를 만나는 여행을 떠나는 것이 인생 2막 준비다. 내면의 피라미드가 단단해져야만 인생이 공허하지 않고 무너지지 않는다.

세 번째이자 마지막으로 쌓아야 할 피라미드는 자아실현이다. 인간은 누구나 독립적 존재로서 먹고 마시는 욕구 너머에 자아실현 욕구가 반드시 존재한다. 과거 먹고 살기 어려운 시절에는 이런 욕구를 억눌렀지만, 100세 장수 시대에는 자아실현 욕구가 점점 더 높아질 수밖에 없다.

은퇴 전후의 인생 후반기를 어떻게 살아야 할지, 자기만의 피라미드를 쌓아 올려야 한다. 한 번뿐인 인생을 대충 살아서는 안 된다. 자기 계발이나 내면의 나를 만나는 일에 소홀히 한다면 인간의 기본적 욕구인 먹고 마시며 안전을 추구하는 단계에만 머물다 삶을 마감할 수 있다. 이 이론은 너무나 잘 알고 있는 매슬로우의 인간 욕구 5단계 이론에 명확하게 나와 있다.

인생 2막 준비는 자기 계발을 시작으로 내 존재 이유가 무엇인지를 명확히 하여 자아실현의 길을 향해 나아가는 머나먼 여정이다. 그 여정에는 고통이 있고 그 속에서 행복을 찾는 것이 고결하고 값진 인생이라 할 것이다. 처음부터 방향성을 제대로 잡고 인생 2막 준비를 시작하는 사람은 거의 없다. 인생 2막 준비는 자기 계발의 피라미드와 어떤 유혹에도 넘어지지 않는 내 존재의 피라미드를 탄탄히 세워 자아실현이라는 피라미드를 쌓는 것이라 하겠다.

피라미드를 쌓는 일도 처음엔 돌 하나를 나르는 일에서 시작되듯, 인생 2막 준비도 처음에는 생각의 씨앗을 작은 행동으로 옮기는 것에서 시작된다. 아무리 하잘것없는 행동이라 할지라도 생각만으로 만리장성을 쌓는 것보다 백배는 더 유익하기 때문이다.

고정형 마인드 – 성장지향형 마인드
바꾸기

"인생 뭐 있나. 먹고 싶은 거 먹고, 하고 싶은 거 하고, 가고 싶은 데 가고, 보고 싶은 사람 보며 사는 것, 그게 인생이지."

퇴직 전후가 되면, 평소 이런 말을 생각의 중심에 두고 살아가려는 사람이 있다. 내 주변에도 이런 사람들이 많이 있다. 생각 없이 살아가는 사람은 아니지만, 먹고 즐기며 적당히 살아가는 사람이다.

이런 관점으로 살아가는 사람의 퇴직 후 10년 뒤 모습이 어떻게 바뀔지 상상해 보자. 인생 2막을 준비하는 시점에서 보면, 사람은 성장지향형 인간, 현실안주형 인간, 추락형 인간, 크게 3가지로 나눌 수 있다. 퇴직 전후, 삶의 가치 중심을 어디로 둘 것인지에 따라 인생의 결과는 완전히 달라진다. 사는 데 정답은 없지만, 후회를 줄일 수 있는 최고의 삶이 뭘까? 스스로 정한 인생의 목표를 따라 성장지향형 삶을 사는 것이다.

직장 생활하며 퇴직을 앞둔 동료들과 가끔 차를 한 잔하는 시간을 가진다. 대부분 3~4년 안에 퇴직을 앞두고 있다. 이분들이 퇴직 후 어떤 계획을 하고 있는지 참고하기 위해서다. 만나면 가장 먼저 하는 말이 퇴직 후 당분간 쉬고 싶다는 것이다. 실컷 쉬고 난 뒤, 그때 생각해 보겠다는 말이다. 공부하거나 새로운 무언가에 도전한다는 분은 잘 없었다. 이런 이야기를 들으면 안타까운 마음이 든다. 물론 오랫동안 직장 생활을 했기 때문에 당분간 쉬고 싶다는 말에 공감은 하지만, 잘못하다가는 아무런 공부와 도전 없이 그저 시간만 낭비하다 삶을 마감할 수 있기 때문이다. 흔히 인생에는 정답이 없다고 하지만, 초고령 사회를 살아가는 우리가 사는 대로 살 것인지, 평생 도전하며 공부할 것인지는 내 결정에 달렸다.

초고령화 시대, 인생 2막은 더이상 여생이 아니다. 새로운 출발을 의미한다. 평생 공부하고 도전하겠다는 생각과 태도에 따라 인생 종착역은 결정된다.

1930년생인 권노갑 김대중재단 이사장은 올해 96세다. 이분은 2023년 영문학 박사 학위에 도전했다. 건강 관리를 위해 매일 흑염소를 먹고 하루 2시간을 운동하는 데 보낸다. 2025

년 상반기, 경기도의 모 골프장에서 샷이글을 했다. 15번 홀(파 4) 125야드 거리에서 두 번째 샷이 홀컵으로 들어간 것이다.

권노갑 이사장의 삶을 보면 닮아가고 싶은 생각이 저절로 든다. 한 번뿐인 인생 대충 살 것이 아니라 진지하고 값지게 살아야 한다. 권노갑 이사장처럼 죽을 때까지 내가 원하는 삶을 향해 도전하며 살아가는 것이 고결하고 값진 인생이라 할 것이다.

나는 어떤 사람일까 생각해 봤다. 태생적이지는 않지만, 후발적 노력으로 인해 성장지향형 사고로 바뀌었다고 할 수 있다. '공부가 내 적성에 맞는 것일까? 아닐까?' 학창 시절, 나 자신에게 끊임없이 물었던 질문이었다. 농사짓는 부모님을 기쁘게 해드리려면 장학금을 받기라도 해야 하는데, 장학금은 고사하고 단 한 번도 성적 우수로 상장을 받은 적이 없었기 때문이다. 그렇다고 중·고등학교, 대학교 때 공부를 하지 않은 것도 아니다. 남들 하는 것 이상으로 노력했다. 공부 방법도 바꿔보기도 했다. 결국 내린 결론은 머리가 나쁘기도 하고, 노력해도 잘 안 된다는 생각이 마음을 지배하기 시작했다.

직장 생활은 지긋지긋한 공부로부터의 해방이었다. 학창 시절, 공부는 취업을 위한 수단으로만 생각한 것이다. 직장인이 되자, 매달 월급이 나오기 때문에 공부하지 않아도 당장 생활하는데는 하등의 지장이 없었다. 직장을 얻고 결혼한 이후, 안

락함과 편안함으로 인해 공부는 나의 일상생활에서 점점 멀어
졌다. 1년에 책 한 권도 읽지 않을 정도로 공부와는 담을 쌓아
갔다.

공부란 무엇일까? 공부는 학창시절이나 인생 1막에서 끝내
는 것이 아니라 평생 지속해야 할 삶의 일부다. 그런 의미에서
학창 시절 공부는 직장을 얻기 위한 하나의 과정이거나 평생
공부의 마중물에 불과하다. 그렇다면 직장 생활을 하면서 업무
능력 향상 또는 조직 발전을 위한 배움은 공부라고 할 수 있을
까? 조직에서의 성공이 은퇴 후 성공으로 이어지지 않는다면
이 또한 진정한 공부가 아니다. 대기업, 은행, 공무원 등 고위직
으로 있던 간부들이 퇴직 후, 할 일 없이 인생 2막을 보내는 경
우가 있다. 자신의 경험과 노하우를 지적 자산으로 바꾸어야
한다. 그것이 인생 2막을 준비하기 위한 공부가 된다. 회사에
헌신하여 헌신짝처럼 버려지지 않기 위해 공부해야 한다.

회사가 퇴직 후 인생까지 보장해주지 않는다. 퇴직금과 연
금이 남은 인생의 행복을 결정하는 것이 아니다. 내가 원하는
의미 있는 삶, 존재적 삶을 살아가기 위해 앞으로 나아가야 한
다. 그 과정에서 행복과 인생의 진정한 가치가 숨어 있다. 삶
의 목표를 향해 느리지만 포기하지 않고 나아가는 사람이 결
국 성공하는 인생을 살아간다고 믿는다.

학교 성적 우수자가 인생 성적 우수자가 아니듯, 공부는 단

발성으로 끝나는 것이 아니다. 2022년 12월, 생애 최초로 영어 스피치에 도전한 적이 있었다. 참가자는 총 네 명이었다. S그룹 12년 차 직장인, 10살 때 미국으로 유학을 떠나 유니세프 자선단체에서 근무했던 분, 영국 유학을 앞둔 헤어디자이너, 그리고 나였다. 1명을 제외하면 두 명은 나보다 월등한 실력자였다. 참가자 한 명당 하나의 주제를 정해 15분간 영어로 발표했다. 나의 강연 주제는 '공무원 싱글 대디의 인생 성공 비법'이었다. 강연에서 말했던 인생 성공 비법 중 가장 중요한 것이 성장지향형 사고방식이었다. 영어로 성장지향형 사고방식을 'Keep Growth Mindset'이라 정했다. 그동안 살아왔던 삶의 방식 자체가 한곳에 머물렀던 삶이 아니었기 때문이다.

"저는 퇴직 후 뭘 할지 몰라 막막합니다. 당분간 쉬면서 뭘 할까 생각하겠습니다."

퇴직 전 이런 생각이 드는 사람은 뭐든지 배우고자 하는 성장지향형 마음가짐으로 바꿔야 한다. 부정적인 생각, 두려운 생각은 모두 내가 살아온 삶의 결과물이다. 그동안 살아왔던 삶의 경험과 지식에 의해 생각하고 판단한다면 스스로 정한 사고 틀에서 벗어날 수 없다. 퇴직 후 막막하고 두려운 마음, 당분간 쉬고 싶은 마음을 없애는 유일한 길은 배움, 즉 공부다.

꾸준히 배우고 공부하면 내게 남은 인생의 시간이 결코 많이 남아 있지 않다는 것을 깨닫게 된다. 두렵고 경직된 사고를 깨는 것이 배움이자 공부다. 악기 연주, 춤, 노래, 미술, 공예품 만들기 등 소소한 배움은 내 인생의 밭에 한 알의 밀알을 심는 것이다. 뭐든지 배우고 도전하면 남은 인생의 방향과 목표가 보인다. 처음부터 인생 목표가 무엇인지 알고 하는 사람은 없다.

본격적인 인생은 50부터라는 말을 많이 한다. 성장형 엔진을 장착하느냐 아니면 살아왔던 대로 사는 엔진을 그대로 가지고 가느냐는 본인의 선택에 달렸다. 퇴직 후 무엇을 해야할지 두려운 마음이 든다면 이는 지극히 정상적인 마음이다. 이런 두려움 때문에 아무 노력도 없이 사는 대로 살다가는 영원히 추락할 수 있다. 뭐든지 배우고 도전하겠다는 성장형 엔진을 마음에 장착하는 것이 중요하다.

100세 시대를 넘어 120세 장수 시대가 도래한다. 연장된 수명으로 인해, 인생의 결과는 마라톤과 마찬가지로 종착점에서 승부가 결정된다. 골골하게 오래 살 것인가? 내가 원하는 인생을 살며 후회를 줄일 것인가? 답은 정해졌다. 인생 후반기를 잘 준비하는 지혜가 필요하다. 인생 1막을 대하는 마음가짐은 인생 2막을 잘 살아가기 위한 마중물이 되어야 한다. 인생 2막은 여생이 아니다. 새로운 출발을 의미한다. 이러한 삶의 태도는 인생의 결과에 영향을 미친다. 자신의 재능과 노력해 왔던 결과만으로 인생이 결정되지 않는다. 삶에 대한 생각과 태도를 어떻게 하느냐에 따라 인생의 종착역이 결정된다. 인생 1

막 영예로운 은퇴 후, 그저 쉬면서 여생을 보내겠다고 생각하는 사람과 인생 2막에도 자신의 목표를 향해 도전하며 살겠다고 하는 사람은 인생의 종착역에서 차이가 나기 마련이다.

앞으로는 명문대와 좋은 직장이 인생을 결정하는 시대가 아니다. 이것은 인생 1막, 단편의 결과에 불과하다. 이제는 다양성의 시대가 되었다. 1935년생인 이근후 박사처럼 평생 공부하는 성장지향형 사고방식을 가진 사람이 결국 인생의 종착역 앞에서 빛이 난다. 성장지향형 사고방식이란, 말 그대로 한 자리에 머무르지 않고 조금이라도 앞으로 나아가는 사람을 말한다. 인생의 결과는 지능과 노력이 결정하는 것이 아니다. 본인의 생각과 태도가 결정한다. 인생 1막 퇴직을 기점으로 성장하느냐 현실에 안주하느냐가 70대와 80대 삶을 결정하기 때문이다.

이시형 박사는 "내 인생에 은퇴는 없다."고 하며, 은퇴는 인생 최악의 선택이라고 했다. 지금도 그는 강연, 책 출간 등 지적 활동을 멈추지 않고 있다. 아마 동년배 대부분의 사람들은 반대의 삶을 살 것 같았다. 지금 40, 50대 사람들이 80, 90대가 되면 어떻게 될까? 삶의 질이 향상되고 늘어난 수명으로 인해 평생 공부하는 성장지향형 사고방식으로 바꿔야 한다. 돈과 명예가 아닌 삶의 가치를 실현하는 과정 속에 행복이 있다. 그 가치를 평생 공부와 지적 활동에 두면 어떨까? 사람은 지적 활동을 멈추는 순간 나이 든다고 지식인들은 이야기했다.

　인생의 결과는 언제 결정될까? 30대일까? 50대 또는 60대 퇴직 때일까? 아니면 70대와 80대일까? 나는 단호히 70대와 80대부터라고 이야기하고 싶다. 60대 이전까지는 70대와 80대 과정을 잘 안착하기 위한 과정이라 보기 때문이다. 그동안 이룩한 인생의 열매에 연연할 필요가 없다. 성장지향형 사고를 장착하여 지금부터 인생의 최종 열매를 만들어가는 과정이 더 중요하다.

2장

내 안의 숨은 보석
찾아내기
(역경)

행동 장애에서
벗어나기

"세상에 공짜는 없다. 뿌린 대로 거둔다."

이 말은 내가 가장 좋아하는 말이다. 2018년부터 주말농장을 하며 고구마 농사를 5년 정도 지은 적이 있었다. 첫해에 고구마 100박스 정도를 수확했다. 직장 다니며 농사지은 첫해 어떻게 이런 수확이 가능했을까? 원천은 어린 시절 부모님 농사일을 도우며 낫질, 호미질, 밭매기 등 온갖 고생을 해봤던 처절한 경험이 있었기 때문이다. 밭에 자란 잡초를 호미로 없애고, 곡식에 흙을 북돋워 주는 밭매기를 종일 할 때도 많았다. 해도 해도 끝이 없고, 허리는 너무 아픈 나머지 "이렇게 살 바에는 죽는 편이 낫겠다."라고 어머니에게 말했다가 큰 꾸지람을 들은 기억이 생생하다. 어린 시절 농사를 도왔던 경험은 인내심을 기르게 한 원천이 되었고 주말농장 첫해 고구마 100박스 수확을 가능하게 했다. 직장 다니고 주말농장을 하며 뿌린 대로 거둔다는 평범한 진리를 몸소 깨달은 것이다.

돈을 버는 것, 농사를 짓는 것, 공부하는 것을 포함하여 이 세상 모든 일은 '뿌린 대로 거둔다.'는 인과관계 법칙을 늘 생각한다. 살아오면서 체득한 뿌린 대로 거둔다는 인생의 법칙을 인생 2막 준비를 하면서도 잊은 적이 없다.

인생 2막 준비는 1단계가 생각 단계라면 2단계는 생각한 것을 실행하는 행동 단계를 말한다. 행동 단계는 머리로 인식하는 정보 흡수 과정이 있고 머리로 인식한 정보를 몸으로 부딪치며 직접 행동으로 옮기는 실행 과정이 있다.

퇴직을 앞두고 인생 2막 준비를 해야 할 의미를 못 찾는 생각장애도 문제지만, 생각한 것을, 실행으로 옮기지 않는 행동장애가 있다면 더 큰 문제다. 여기서 말하는 행동 장애는 의학적 의미의 행동 장애를 뜻하는 것은 아니다. 이미 배워서 알고 있는 것이나, 인식하고 있는 것을 꾸준하게 행동으로 옮기지 못하는 행동 장애를 의미한다.

좀 더 현실적으로 접근하여 이야기하면 이렇다. 직장인 A 씨는 인생 2막 준비를 위해 블로그 수익화 과정, 인스타 교육, 유튜브 수익화, 책 쓰기 과정 등 온라인에서 여러 강연을 듣는다. 강연을 들으며 배운 것을 실습하기도 하고 챌린지를 하거나 과제도 성실히 수행한다. 수강이 쉬운 것은 아니지만, 꾹 참고 수업 과정에 적극적으로 참여한다. 이런 수강 과정은 보통 짧게는 몇 주, 길게는 몇 달 동안 진행된다. A 씨가 여러 가지를 배웠던 것은 행동의 1단계인 정보 흡수 단계다. 정보 흡수 과정보다 더 많은 시간을 투자해야 할 곳이 행동의 2단계인 실행 과정이다.

2021년 책 출간 후, 지난 5년 동안 A 씨 사례처럼 인생 2막 준비하며, 비슷한 종류의 강의 과정을 좋은 물건 쇼핑하듯 듣는 사람들을 많이 봐왔다. 특히 적게는 수십만 원에서 많게는 수백만 원을 내고 책 쓰기 강연을 여러 번씩 듣는 사람을 보며 이것이 전형적인 행동 장애가 아닐까 하는 생각이 들었다. 학습은 생각한 것을 행동으로 옮기는 첫 단계일 뿐이지 그 이상도 그 이하도 아니다.

비슷한 강연을 이곳저곳 찾아다니며 듣는 수강 중독이 있는 사람들의 심리는 뭘까? 실행하지 못한 데서 오는 죄책감을 반복 학습으로 보상하려는 심리가 그 밑바탕에 깔려 있다.

인생 2막을 준비하며 성과를 내기 위해서는 반드시 거쳐야 할 3개의 다리가 있다.

첫 번째로 건너야 할 다리는 정보 흡수의 다리다. 정보 흡수 과정은 행동 이전에 머릿속으로 인식하는 단계다. 성장하지 않는 사람은 대부분 정보 흡수의 다리에 머물러 있다. 정보 흡수의 다리에 있는 한, 시간이 지나도 변하지 않고 크게 달라지는 법이 없다.

대표적인 예는 자기 계발과 관련된 정보 흡수다. 자기 계발 강연과 책을 많이 읽으면, 정말 자기 계발이 될 수 있을까? 비슷비슷한 자기 계발 강연과 책을 아무리 읽어 본들 정보만 흡수된다. 흡수된 정보는 인식 수준으로 밖에 머물지 않는다. 꾸준한 실행이 뒷받침되지 않는다면 어떠한 성과도 기대하기 어렵다.

두 번째로 건너야 할 다리는 실행의 다리다. 무언가를 배우는 과정에서 실습하고 행동하는 것은 하나의 경험으로만 남는다. 완전한 실행은 말 그대로 실제로 부딪치고 넘어지는 과정을 경험하며 실행의 다리를 건너는 것이다. 자기 계발 강의나 책을 읽었다면 글쓰기를 하거나 가장 감명 깊었던 내용을 깊이 새겨 실천으로 옮기는 일이다.

실행의 다리에서 또 넘어가야 할 다리가 있다. 실행을 꾸준히 함으로써 습관의 다리를 건너가야 한다. 실행의 최종 단계는 습관의 다리를 건너는 것이다. 각각의 다리를 건널 때마다 역경이 도사리고 있다. 역경을 견뎌 내는 자만이 내가 원하는 인생의 자아실현이라는 목표를 달성할 수 있다.

책 출간 후 나의 삶은 책 따로, 행동 따로가 아니었다. 책에 적혀 있는 내용을 최대한 지키려 노력했다. 그러한 행동의 과정을 통해 세 개의 다리를 건너가야만 진정한 변화와 성장이 있다는 것을 깨닫게 되었다.

〈행동하지 않으면 인생이 바뀌지 않는다〉를 출간한 브라이언 트레이시는 세계에서 가장 영향력 있는 자기 계발 전문가다. 이 책 제목을 보고 든 생각은 행동만 해서는 절대 인생이 바뀌지 않는다는 것이었다. 행동이 지속되어야만 비로소 인생이 바뀐다. 일정 기간 행동했던 것들은 시간이 지나면 하나의 흔적밖에 남지 않는다.

천 개의 정보도 실행하지 않으면 무용지물이다. 개론은 개론일 뿐이다. 내가 꾸준히 실천하지 않으면 단 하나도 내 것이 되지 않는다. 우리는 자기 계발도 몰라서 못 하는 것보다 알아도 그 필요성을 절감하지 못하기 때문에 행동을 지속하지 못한다.

전형적인 행동 장애와 동거하고 있다면, 이별하기 위한 결단이 필요하다. 행동을 지속하는 힘에는 고통을 견뎌 내는 절제와 역경이 필요하다.

책 출간 후 지난 5년간의 시간은 정보 흡수의 다리를 지나, 몸으로 직접 익히는 실행의 다리와 습관의 다리를 건너기 위한 과정이었다. 인생의 목표와 목적이 분명하고 내 안에 자존감이 충만하다면, 어떤 위기와 고비의 순간이 와도 포기하는 법이 없다.

우리는 정보 흡수의 단계에만 머무르는 배움 중독을 경계해야 한다. '뿌린 대로 거둔다.'는 말을 가슴 깊이 새긴다면, 어떤 어려움이 와도 생각한 것을 행동으로 옮기지 않을 수 없다.

2021년 책 출간 후 온라인 강연을 하기 위해 미리캔버스 프로그램을 전문가로부터 배웠다. 온라인 강연 포스트 하나를 만드는데 3~4시간이 소요됐다. PPT 강연 자료 하나를 만드는 것도 쉽지 않았다. 미리캔버스가 숙달된 사람은 가장 간단한 방법이라 이야기하지만, 연습하지 않으면 편집 실력은 절대 늘지 않는다. 강연 자료와 포스트를 익숙하게 만드는 데 2년이라는 기간이 걸렸다.

우리는 자기계발서에 적힌 내용이나 강연에서 얻은 정보가 내 것이 된 것이 아니라, 타인이 주장하는 이론과 안내서에 불과하다는 사실을 알아야 한다.

"성공으로 가는 엘리베이터는 고장이 났다. 한 번에 하나씩 계단을 차근차근 올라가는 길이다."

미국의 전설적 영업사원 '지라드'가 했던 말이다. 이 말도 곱씹어 보면 세상에 공짜는 없다는 말과 일맥상통한다. 사회적으로 성공한 CEO, 정치인, 대통령 등 명성이 높은 사람들의 이면에는 모두 단계를 올라가며 성장한 과정이 있을 뿐, 엘리베이터 버튼을 눌러 성공한 자는 아무도 없다.

평범한 직장인이 퇴직을 준비하며 갖춰야 할 기본적인 마음의 자세 또한 이와 같다. 인생 2막 준비에는 급행열차도 없고 엘리베이터도 존재하지 않는다. 한 계단 한 계단 느리지만, 평생 공부하며 포기하지 않고 도전하는 마음가짐이 필요하다.

내면의 나를
의식적으로 만나기

"네가 나를 모르는데, 난들 너를 알겠느냐."는 가수 김국환이 부른 '타타타'의 가사 일부다. 이 가사에서 음미하는 것은 자신과 타자와의 관계 문제다. 관계가 아무리 돈독한 사이라 할지라도 서로 모를 수 있다는 것이다.

그렇다면 내 안에 있는 나 자신은 내가 잘 알 수 있을까? 매일 자신을 만나기 위해 노력하지 않는다면 절대 자신을 알 수 없다. 정호승 시인께서는 인생에서 가장 중요한 일이 자신을 발견하는 일인데도, 자신을 바로 볼 수 있는 눈이 없었다고 고백한 적이 있다. 평생 시를 써 오신 시인께서도 자신을 바라보기 어렵다고 하는데, 일반 사람이 자신을 알아가는 연습을 하지 않는다면 자기 자신을 발견하기란 더더욱 어려운 일이다. 오죽하면 소크라테스가 '너 자신을 알라.'라는 말을 남겼을까?

특히 인생 2막을 준비하며 자신을 알아가기 위해서는 자신과의 만남을 수시로 가져야 한다. 수많은 타자와의 새로운 만남도 중요하지만, 내면의 나를 의식적으로 만나는 과정이 더 중요하다. 내면과의 만남이 중요함을 인식하고 있어도, 일반적으로 사람은 평온한 상태에서는 자기 내면과의 만남이 쉽지 않다. 삶의 위기가 찾아올 때 비로소 자신을 만나게 된다는 것이다. 대표적인 예가 가족이나 친지, 지인의 죽음이다. 또는 자신에게 갑작스럽게 닥친 건강 위기 속에서도 자신을 만날 수 있다. 이보다 자신을 더 깊이 만나는 순간은 스스로 죽음의 문턱까지 갔다 오는 경우다.

2010년, 나에게는 갑작스러운 아내와의 사별이 있었다. 끝이 없는 인생의 낭떠러지를 경험하며 임계점을 맞이했다. 그 임계점은 나 자신을 만날 수 있는 결정적 계기가 됐다. 내가 살기 위해 앞으로 어떤 삶을 살아야 할지, 매일 나 자신을 만나기 위한 과정이 시작됐다. 그 이전까지는 책과 담을 쌓고 지냈는데, 그때부터 책을 읽기 시작했다. 가장 많이 읽었던 책이 법정 스님의 책들이었다. 출간된 책 대부분을 읽었다. 법정 스님의 책을 통해 나 자신과 만나는 일이 절박했기 때문이다. 인간이라는 동물은 너무나 어리석어서 뼈저린 경험을 하지 않는

한 바뀌기 어렵다는 것을 절실히 체험하는 계기가 됐다.

한편, 아내와의 사별 이전에도 삶의 위기를 통해 자신을 만날 수 있는 계기는 여러 번 있었다. 한 분밖에 없는 형님의 갑작스러운 사고사와 큰 누님의 질병사가 그것이다. 두 분 모두 40~50대 초반에 안타깝게 삶을 마감하셨다. 결과적으로 보면, 두 분의 죽음을 통해 나 자신을 만나는 일은 일시적인 이벤트로 끝났다. 원래의 삶으로 돌아가며 행동이 변하지 않았기 때문이다. 하지만 아내와의 사별은 달랐다. 아내와의 사별 이후부터 시작한 것이 명상이다. 명상은 내 안으로 나 자신을 살피는 일이다. 이때 시작한 명상은 지금까지 지속해 오고 있다. 고통, 번민, 분노, 불안 등 부정적인 마음이 찾아올 때 끊임없이 비워내는 연습은 명상을 통해 키워냈다. 명상을 통해 부정적인 에너지를 감사함과 긍정적 에너지로 바꾸는 노력을 지속한 것이다. 기도가 절대자와의 만남이라면, 명상은 내면과의 만남이다. 기도는 명상과 연결되기도 한다. 기도와 명상을 분리할 수도 있지만, 한 몸이 되기도 한다.

〈백만장자 메신저〉의 저자인 브렌든 버처드는 여자친구와 헤어진 후 기분을 달래기 위해 친구 캐빈과 도미니카 공화국으로 갔다. 그곳에서 그는 죽을 뻔한 교통사고를 경험했다. 죽음의 문턱을 경험한 것이 시간당 1만 달러를 넘게 버는 세계적인 동기부여 강사로 성공하게 된 결정적 계기가 됐다. 〈몸이 먼저다〉를 집필한 한근태 작가도 마찬가지다. 오십견을 계기로 인생에서 운동의 중요성을 깨달았기 때문이다. 오십견이 없었다면 작가님의 삶은 어떻게 됐을까? 70세인 지금의 모습은 실제 나이보다 10년은 더 젊게 보인다. 오십견은 운동 습관과 건강한 삶을 살아가는 계기가 된 것이다.

죽을 뻔한 교통사고, 오십견 등 갑작스러운 인생의 위기는 우리 삶에서 일어날 수 있는 일상 중 하나다. 브렌든 버처드, 한근태 작가뿐만 아니라 일반인들 가운데도 위기를 통해 내면과의 만남을 꾸준히 이어가는 사람이 있는가 하면, 자신과의 만남을 일시적인 이벤트로 끝내는 사람도 있다. 문제는 대부분의 사람은 인생의 위기를 기회로 잡지 않고 일시적 이벤트로 끝내고 만다는 사실이다. 이러한 사람은 찻잔 속의 태풍처럼 단기간의 변화만 일으키다 다시 일상의 삶으로 젖어든다. 반면, 꾸준히 자신과의 만남을 이어가는 사람은 어떤 삶을 살아야 할지 끊임없이 고민하고, 이를 행동으로 옮겨 습관화한다. 만약 브렌든 버처드와 한근태 작가께서 이를 일시적인 이벤트로 끝냈다면 오늘과 같은 모습은 없었을 것이다. 이분들도 어떻게 살아야 할지 끊임없이 고민하며 자신의 내면과의 만남을 이어 왔기 때문에 가능했다고 본다.

또 한편으로는 위기를 마주할수록 스스로를 더 깊은 비참함으로 몰아넣는 사람도 있다. 술로 스트레스를 풀고 부정적인 감정을 쏟아내며 살아가는 이들이다. 우리 주변에도 이런 부류의 사람을 얼마든지 볼 수 있다. 결국 이런 사람은 부정적인 에너지로 인해 자신의 삶을 갉아먹으며 인생길은 낭떠러지라는 비참한 길로 이어지게 된다. 이런 부류는 진정한 자신을 만나지 못한다.

내면의 나를 만나는 방법에는 어떤 것들이 있을까? 가장 쉽게 할 수 있는 방법은 걷거나 가볍게 달리는 것이다. 걷게 되면 세상 근심 걱정과 상념들이 길 위로 흘러가듯 사라진다. 걷는 것 또한 내면과 만나는 과정이지만, 달리는 것 역시 걷는 것 못지않게 내면과의 만남이 가능하다. 달리기는 주로 LSD(Long Slow Distance)방식으로, 걷는 것보다 조금 빠른 아주 느린 속도로 달린다. 걷거나 달리다 보면 내 마음과 내면의 대화가 시작된다. 순간적으로 번쩍이는 생각도 걷고 달리는 가운데 나온다. 글쓰기 아이디어 또한 이런 소소한 일상에서 얻어지는 경우가 매우 많다.

내면의 나는 내가 하고 싶은 것에 도전할 때도 만난다. 도전하게 되면 목표를 향해 나아가는 과정에서 고통과 시련이 찾아오고, 역경을 견뎌내야 한다. 견딤의 시간을 통해 내면의 나를 만날 수 있다.

내면의 나는 늘 만나던 사람이 아닌 새로운 사람을 만날 때도 찾아온다. 새로 만난 사람을 통해 자극을 받고, 내가 몰랐던 새로운 세상을 알게 될 때다. '내가 세상을 편하게 살았거나 모르고 살았구나!'라는 생각을 하며 내면의 나를 만나게 된다. 특히 도전하며 새롭게 만나는 사람을 통해 내 안에 잠자고 있던 내면의 나를 만날 수 있다.

그동안 인생 2막을 준비하며 내 생각의 고정관념을 떨쳐 버릴 수 있게 해준 사람을 많이 만났다. 나와 다른 관점으로 완전히 다르게 살아온 사람들이 내면의 나를 돌아 볼 수 있게 해줬다. 타인이 살아왔던 삶은 자신의 내면을 성찰하게 하고, 미래를 생생하게 그려내는 거울이 될 수 있다.

독서 여행하면 어떤 생각이 드는가? 말 그대로 독서를 통해 과거, 현재, 미래 어느 곳이든지 여행을 할 수 있다. 내면의 나를 만나기 위해 독서 여행만큼 좋은 것은 없다. 독서 여행은 단순한 책 읽기가 아니라, 책을 통해 사색하며 자신의 내면을 되돌아보는 것이다. 2024년 봄, 4일간 휴가를 내어 스타벅스로 독서 여행을 떠난 적이 있다. 아침부터 퇴근 시간까지 종일 카페에 머물며 독서하고 글을 쓴 적이 있었다. 독서 여행의 재미를 느끼는 사람은 책만 있으면 혼자 카페, 휴양지, 호텔 등 내가 원하는 어느 곳이든지 떠날 수 있다. 혼자 떠났지만 책을 통해 홀로 존재하며 내면의 나를 만날 수 있었다. 독서 여행은 책을 읽는 자만이 누릴 수 있는 특권이다.

독서가 익숙하지 않은 사람이 내면의 나를 가장 확실하게 만나는 방법은 일기쓰기다. 마음먹고 딱 1년간만 매일 일기를 쓰게 되면 내면의 나를 만나는 여행을 떠날 수 있다.

내면의 나를 만나기 위한 가장 쉽고 좋은 방법은 홀로 떠나는 여행이다. 2018년부터 남미 페루를 시작으로 매년 오지 여행을 했고, 2023년에는 남미 이구아수 폭포를 여행한 적이 있었다. 내 삶을 되돌아보고 나를 만날 수 있는 최고의 기회였다. 혼자 떠나는 오지 여행만이 홀로 여행하는 것은 아니다. 가까운 곳이든 어디를 가든, 낯섦과 두려움, 고독을 느낄 수 있다면 그것은 홀로 떠나는 여행이라 할 수 있다.

인생 2막 준비를 하게 되면 끝없이 방황도 하고 도전하며 부딪치기도 한다. 이때 필요한 것이 내면의 나를 만나는 일이다. 내면을 자주 만나는 일은 내 존재를 단단하게 지켜 주는 힘을 길러 준다. 내면과의 만남을 지속하는 사람은 어떤 역경이 와도 절대 무너지지 않고 목표한 대로 갈 수 있을 것이라 확신한다.

고통과 건강 자산은
비례한다

"우와, 팀장님 체력 대단하시네요! 보셨어요? 3등이네요."

"3등? 뭐가 3등이라는 거죠?"

"팀장님이 체력왕 선발 대회에서 3등 하셨어요. 공지사항에 올라왔어요."

몇 년 전, 모 부서에서 팀장으로 근무할 때였다. 사내 체력왕을 뽑는 대회에서 3등으로 선발된 적이 있었다. 국민체육진흥공단 직원들이 직접 나와 '국민 체력 100'이라는 타이틀로 체력을 측정했다. 측정 분야는 근력, 근지구력, 심폐지구력, 유연성, 민첩성, 순발력, 총 6개 항목이었다. 민첩성과 순발력은 2등급을 받았고 나머지는 모두 1등급을 받았다. 가장 우수한 점수를 받은 것은 심폐지구력이었고 그다음이 근력이었다. 수영, 조깅 등 유산소 운동과 근력 운동을 꾸준히 해온 결과였다.

'국민 체력 100'은 국민의 체력 및 건강 증진에 목적을 두고 체력 상태를 과학적 방법으로 측정·평가하여 운동 상담 및 처방을 해주는 대국민 체육 복지 서비스다. '국민 체력 100'이라는 타이틀은 100세까지 건강하게 살아가는 것을 의미한다.

인생 후반기 가장 중요한 덕목은 건강이다. 첫째도 건강, 둘째도 건강이다. 건강의 소중함은 아무리 강조해도 지나치지 않다. 평상시 건강의 중요성에 대해 귀가 따갑도록 많이 들어왔다. 이러한 지식은 내 것이 되지 않고 내가 몸으로 받아들이지 않으면 공염불이요 공허한 메아리밖에 되지 않는다.

유독 나는 건강을 지식 수준으로 아는 것에 멈추어 있는 것이 아니라, 내 몸에 뿌리 깊게 흡수되도록 노력했다. 크게 보면 한부모 가장이 된 것이 첫 번째 이유였고, 인생 후반기 건강하고 행복하게 살기 위한 것이 두 번째 이유였다. 규칙적인 운동 중 근력 운동에 가장 신경을 쓰고 있다. 나이가 들수록 근력을 키우는 것은 다른 운동보다 더 어렵기 때문이다. 근력은, 근육에 상처가 나고 찢어져야 늘어난다. 고통 없이 근력을 올리는 것은 불가능하다는 말이다. 근육을 키우며 감내하는 고통의 시간만큼, 우리 몸을 더 건강한 상태에서 오래 살 수 있도록 만들어 준다.

2021년, 생애 처음으로 바디 프로필을 찍은 적이 있다. 근육질 몸을 만들기 위해 7개월 동안 비가 오나 눈이 오나 매일 아침 헬스장에서 규칙적으로 개인 PT를 받았다. 근력을 키우는 것은 이만저만 힘든 일이 아니었다. 근력 운동을 하며 고통을 견뎌냈기 때문에 바디 프로필이라는 작은 성취를 얻을 수 있었다.

근육 1kg이 1,300만 원의 가치가 있다는 이야기를 들은 적이 있다. 공식 통계나 연구 결과로 발표된 사실은 아니지만, 근력 운동의 중요성을 금전적으로 환산했다는 데 큰 의미가 있다. 나는 근육 1kg을 금전적으로 환산할 수 없는 무한한 가치로 두고 싶다. 근력 운동이 몸에 주는 보상 효과는 인생 후반기 건강의 질과 직결된다. 돈으로 따질 수 없는 최고의 자산이 바로 건강이기 때문이다.

인생 후반기 건강은 한 번 무너지면 절대 복원되지 않는다. 젊은 시절에는 어느 정도 복원이 가능했지만 나이가 들수록 노화가 소리 없이 진행되기 때문이다. 건강 관리는 예방이 무엇보다 중요하다. 이 사실은 2010년부터 한부모 가장으로 살아오면서 몸소 느낀 바이다. 지금은 감기나 몸살에 걸리는 일이 거의 없지만, 그 당시에는 계절마다 감기 또는 몸살이 찾아왔다. 몸살에 걸렸을 때가 가장 서글펐다. 따뜻한 죽 한 그릇이 먹고 싶어도 직접 끓여 먹어야 했다. 이 단순한 경험 하나가 아프지 않게 살기 위한 내 영혼의 씨앗이 되었다. 자연스럽게 건강은 내 삶의 가장 중요한 가치이자 목표가 되었다. 최근에는 병원에 가는 일도 거의 없다. 고혈압, 당뇨 등 성인병도 없다. 규칙적으로 건강 관리를 해 온 결과다. 이 사실은 나에게 예방의 중요성을 더욱 일깨워 줬다.

몇 년 전, 체력왕 선발대회 결과도 나에게 적절한 보상과 동기부여를 안겨 주었다. 근력 운동을 포함하여 꾸준히 운동하는 것은 고통스럽지만, 육체적 건강을 지탱해주는 든든한 기둥이 된다는 사실을 깨닫게 된 것이다.

"금테크는 망할 수 있어도, 근테크는 절대 망하지 않는다.", "부자의 제1원칙, 몸에 투자하라." 유영만 작가의 이야기다. 코로나19가 한창이던 시절, 온라인 강의에서 들었던 이 문장이 잊히지 않는다. "근육에 투자하면 절대 망하지 않는다."라는 말이 매우 해학적으로 느껴졌다. 나이가 들수록 근육의 중요성을 강조하는 데 지나침이 없다. 1963년생인 작가는 근테크를 직접 실천하는 사람으로 보였다. 강의 영상을 보더라도 노화의 흔적이 잘 보이지 않을 정도였다.

"골격근량은 28.1에서 29.4로 1.3kg 늘었고, 체지방은 17.2에서 14.4로 2.8kg 줄었습니다. 몸무게는 그대로네요."

2023년 9월, 회사 건강측정센터에서 인바디를 측정했던 결과치 중 일부다. 유영만 작가의 근테크 이야기를 듣고 근력 운동의 비중을 높였던 결과였다. 주로 해 왔던 근력 운동은 팔굽혀펴기, 턱걸이, 평행봉이다. 인바디 측정 결과치를 보면 체중, 골격근량, 체지방량 세 가지가 순서대로 나온다. 세 가지 막대그래프의 끝점을 연결했을 때 활처럼 휘는 모양이 가장 좋다. 직선 모양도 나쁘지 않다. 활과 반대로 휘어 들어가는 모양이 문제다.

운동에는 심폐지구력을 기르는 유산소 운동이 있고, 근지구력을 기르는 근력 운동이 있다. 어느 것 하나 소중하지 않은 운동은 없지만, 인생 후반기로 갈수록 유산소 운동의 비중보다는 근력 운동 비중을 높여야 한다.

이 사실을 누구보다 잘 알지만 근력 운동을 늘리는 것은 쉽지 않다. 삶에 버금가는 만큼의 고통은 아니지만, 근력 운동할 때 견뎌 내야 하는 고통 때문이다. 운동하며 받는 고통의 시간이 많을수록 건강 수명이 늘어난다는 말이 있다.

과한 운동을 하는 사람과 운동을 전혀 하지 않은 사람 중 누가 건강에 더 문제가 있을까? 나는 두 부류의 사람 모두가 건강에 치명적이라 생각한다. 운동은 규칙적으로, 적당히 하는 것이 가장 중요하다. 몸에 과한 운동은 독이 된다는 말이 있다. 건강을 위해서는 운동보다 음식이 더 중요하다. 음식은 몸에 좋은 것, 나쁜 것을 가리지 않고 먹으면서, 운동으로 건강을 관리한다는 사람이 있다. 이런 발상 자체가 잘못됐다고 생각한다. 제대로 된 음식으로 건강을 관리하고, 다음 순서가 운동이다.

내 나이 80세, 90세가 되더라도 호화로운 병원 특실에서 남은 인생을 보내고 싶지 않다. 지금 운동을 위해 고통스러운 시간에 투자하지 않으면 침대에서 여생을 보낼 수 있다. 늘 이 생각을 하며 일상을 살아간다.

"인생은 두 발로 걸을 수 있을 때까지만 인생이다." 언젠가 페이스북에서 봤던 문장이 잊히지 않는다. 별거 아닌 말인 것 같지만 노후 생활을 상상해 본다면 끔찍한 말이 아닐 수 없다. 평소 우리는 걸을 수 있는 것이 얼마나 큰 축복이고 행복인지를 모르고 지낸다.

좋은 식습관과 규칙적인 운동에는 자기 합리화나 타협이 있을 수 없다. 내 몸이 지금의 모습이 된 것은 지금까지 먹었던 것과 운동 등 생활 습관의 결과다. 건강 관리를 위해 자기 자신에게 더욱 엄격한 잣대를 대야 한다.

지금도 매일 아침 아령, 턱걸이, 윗몸일으키기 등 근력운동에 규칙적으로 시간을 투자한다. 턱걸이 같은 경우에는 10년 넘게 해 오고 있다. 근력 운동이 유산소 운동보다 더 고통스럽지만 멈추지 않고 지속할 계획이다.

나는 죽는 순간까지 스스로 두 발로 걸을 수 있기를 목표로 한다. 노후에 두 발로 걸을 수 있다는 것은 건강함의 상징이다. 노후가 되면 두 발로 걷지 못하는 사람이 얼마나 많은가? 이를 위해 지금부터 건강 관리를 철두철미하게 준비해야 한다.

실패의 보도블록
딛고 지나가기

"실패란 관 뚜껑을 덮기 전까지는 없는 것이다. 불가능은 없다. 어려운 것일 뿐 절박하고 절실하면 결국 이겨낼 수 있다."

2017년 셀트리온 서정진 회장이 세계지식포럼에서 했던 말이다. 그는 1999년 IMF 여파로 대우그룹을 그만뒀다. 2000년 자본금 5천만 원으로 사업을 시작했다. 그의 나이 46세였다. 사업을 시작한 지 11년 만에 회사를 세계 1,000위권 기업으로 성장시켰다. 그는 강연에서 젊은이들에게 흙수저 타령 그만하고 도전하라, 도전은 성공할 때까지 하라고 했다. 유튜브에서 우연히 서정진 회장의 영상을 봤다. 젊은이는 물론 인생 2막을 준비하는 분들에게도 큰 동기부여가 되기에 충분했다. 이

영상 내용을 활용하여 블로그 글쓰기도 여러 번 했고 강연하면서 이분의 성공 비결에 대해 많이 이야기하기도 했다.

도전의 시기는 나이와 상관없다. 불가능한 이유와 조건을 찾는 것이 아니라 가능한 이유와 조건이 나올 때까지 끝없이 도전해야 한다. 이 영상을 통해 인생 2막을 준비하며 실패하는 경우가 있더라도 삶이 끝날 때까지 절대 포기하지 않고, 배우며 나아가는 도전 정신의 중요성을 알 수 있다.

실패의 사전적 의미는 '원하는 결과를 얻지 못하거나 뜻한 대로 되지 않아 그르침'이라고 정의되어 있다. 인생 2막을 준비하다 보면 이런 실패의 보도블록을 반드시 딛고 지나가야 한다.

바야흐로 SNS로 소통하는 시대에 유튜브 채널은 인생 2막 준비에 있어 선택이 아닌 필수가 됐다고 해도 과언이 아니다. 2019년 개인적인 일상과 여행에 중점을 둔 '포사 이목원'이라는 채널을 개설했다. 2020년 '북(Book)에 미쳐 인생 2막 준비하는 남자'의 의미를 담은 '북미남' 유튜브 채널도 개설했다. 두 개의 유튜브 채널은 여행 및 개인 일상과 책 리뷰를 통해 나를 세상에 홍보하기 위함이 주목적이었다. 더 나아가서는 유튜브로 돈을 벌 수 있다는 생각도 마음에 품고 있었다.

전문가로부터 썸네일 작성, 동영상 제작 방법 등의 교육을 받았다. 키네마스터, 블로(VLLO), 멸치 등 동영상 제작 앱을 통해 영상 제작 방법을 배웠다. 말한 것을 자막으로 자동으로 바꿔 주는 Prism Live 앱 사용법을 배워 동영상 제작을 연습하기도 했다. 수없이 많은 연습과 실행을 반복한 끝에 10분짜리 첫 영상을 4시간 만에 제작하여 올렸다. 동영상 제작은 해 본 사람은 알겠지만 엄청난 시간이 소요된다. 직장 생활을 하면서 동영상을 제작해 유튜브에 규칙적으로 올리는 일은 쉽지 않았다. 결국 두 채널을 합해 20여 개의 동영상과 100명도 안 되는 구독자를 남기고 휴면 상태로 돌입하게 됐다.

인기 유튜브 채널이 되기 위해 엄청난 실패의 보도블록을 지나가야 한다는 사실을 깨닫게 된 것이다. 지금은 중단하고 있지만, 퇴직 후 다시 도전하여 구독자 1만 명에 도전해 볼 계획이다. 매월 유튜브에서 단 1달러라도 수익을 얻는 것을 목표로 하고 있다.

"모든 SNS를 합해도 유튜브 채널 하나를 이길 수 없다."

2022년 4월, 구독자 65만 명을 보유한 단희TV 운영자인 단희쌤 강연을 들었을 때 그가 했던 말이다. 강연에서 2018년 6월 유튜브 영상을 처음 찍었던 사례를 이야기했다. 그 당시 영상을 보면 너무 어설프고 말도 제대로 못 하고 표현도 서툴러 차마 봐줄 수 없었다고 했다. 봐줄 수 없는 영상도 6개월 동안 연습해서 만들었다고 했다. 모든 것을 쉽게 한 것이 아니라 어렵고 늦게, 그리고 천천히 배웠다고 했다. 2026년 2월 현재 구독자 수가 95만 명으로 늘어났다. 구독자 수가 95만 명으로 늘어나기까지 수많은 실패의 보도블록을 지나갔다는 사실을 깨달을 수 있었다.

인스타그램도 나를 알리는 필수 SNS가 됐다. 〈쫓기지 않는 50대를 사는 법〉 책 출간이 인연이 되어 2021년 4월 인스타 계정 '반아미' 대표님을 알게 됐다. 당시에는 팔로워가 7,100명 정도였지만, 지금은 팔로워 1만 명이 넘는 마이크로 인플루언서로 성장해 도서 협찬이나 유아용품 이벤트를 진행할 만큼 영향력이 커졌다. 이분으로부터 '돈 되는 인스타 만들기' 4주 과정을 등록하여 수업을 들었다. 수업을 받기 1년 전, 다른 인스타 전문가로부터 수업을 듣고 Singlepapa_story, Singlepapa_photo 두 개의 인스타 계정을 만들어 놓은 상태였다. 지난 1년 동안 인스타를 사용했지만 팔로워도 늘지 않고 답보 상태에 있어 반아미 대표님으로부터 다시 교육을 받은 것이었다. 교육은 나쁘지 않았다. Singlepapa_story 계정은 writer_posa로 이름을 바꾸었다. 사진을 포함해 나를 홍보할 수 있는 스토리를 규칙적으로 올렸다. 게시물이 늘어나며 팔로워도 늘어났지만 유튜브처럼 답보 상태가 되며 중단하게 됐다. 유튜브가 중단된 핵심이 동영상 제작에 많은 소요 시간이 소요되는 것이었다면, 인스타는 체질적으로 나와 맞지 않는 이질적 느낌이 있었다. 결국 유튜브와 인스타그램, 두 개의

SNS 모두 실패의 보도블록을 밟고 지나가는 과정에 있다는 생각이 들었다.

독서를 시작한 후 10년 만에 첫 책을 출간했던 사례와 비교해 보면, 유튜브와 인스타그램은 아주 짧게 도전한 것에 불과하다. 뭐든지 내가 원하는 성과가 나오기 위해서는 꾸준한 반복과 연습 과정에서 끝이 어딘지 알 수 없는 수많은 실패의 보도블록을 밟고 지나가야 한다. 실패의 보도블록에서 영원히 멈추지 않는 한 실패는 없다.

도전하지 않고 패배에 길들어진 인도의 코끼리 이야기가 있다. 인도에서는 코끼리를 키울 때 도망가지 못하도록 어릴 때부터 나무말뚝에 묶어 놓고 키운다고 한다. 나무에 묶인 어린 코끼리는 처음에는 달아나려고 이리저리 힘쓰다가 결국 그 생활에 적응하게 된다. 아기 코끼리는 어른이 되어서도 도망칠 생각을 하지 못한다. 왜 그럴까? 코끼리 스스로 그 삶에 길들여졌기 때문이다. 우리 인간도 코끼리처럼 익숙한 생활에 길들여지면 새로운 도전을 하지 못하게 된다. 인생 2막 준비를 할 수가 없어, 못하는 것이 아니라, 할 이유를 찾지 못해 안 한다.

코끼리와 같은 삶을 경계해야 한다. 직장 생활에 익숙해지면 평생 코끼리와 같은 운명으로 삶을 마감할 수 있다. 평생 우물 안의 개구리처럼 인생 후반기에 아무런 도전도 하지 않고 살아가는 사람보다는, 내 삶의 목표를 정하고 그 길로 가는 삶이 더 값지고 귀하다.

그 길에는 수많은 고통과 실패의 보도블록이 깔려 있다. 그 블록을 하나하나 밟고 지나가야 한다. 2021년 첫 책 출간 후 지금까지 이어져 왔던 길이 그런 길이었다. 퍼스널 습관 메신저로 개인 코칭을 지속했던 것, 온·오프라인에서 강연을 해 왔던 것이 대표적이다. 노력과 경험이 들어가는 길에는 고통이 따를 수밖에 없다. 이 길은 내 인생에서 결국 돈으로 이어질 나만의 진주를 하나씩 만들어 가는 길이다. 나만의 진주 하나 하나가 모여 값진 보석이 될 때까지 무덤덤하게 도전해 나갈 것이다.

인생 2막을 준비하면서 우리 주변을 살펴보면 두 부류의 사람이 있다. 사는 대로 계속 사는 부류와 목표를 정하고 도전하고자 하는 부류가 그것이다. 사는 대로 사는 사람은 생각과 걱정만 가득하고, 실행하지 못해서 망설이는 사람이 있는가 하면, 아예 그런 생각조차 하지 않고 사는 사람이 있다. 이런 유형은 대부분 자기만의 핑계와 이유가 있다. 반면 새로운 목표에 도전하는 사람은 도전과 실패에 익숙하다. 어떤 부류로 삶의 방향을 잡을 것인지는 오로지 자신이 결정한다.

도전하게 되면 반드시 실패의 보도블록을 만나게 된다. 실패와 성공은 한 배에 있다. 수많은 실패를 반복하며 성공의 길이 열리고 성과가 나온다.

"무엇인가 하고 싶은 사람은 방법을 찾아내고, 아무것도 하기 싫은 사람은 구실을 찾는다."

고교 선배가 대표이사로 있는 경남 창원의 한 기업체를 방문한 일이 있었다. 회사 곳곳에 이 문장이 액자에 걸려 있었다. 이 문장은 대표이사의 삶과 철학이 그대로 스며 있는 듯한 느낌을 주었다. 기업뿐만 아니라 개인도 마찬가지다. 도전이 없으면 결과는 아무것도 없다. 도전하는 사람은 할 수 있는 방법을 찾는다. 반면, 도전을 싫어하거나 회피하는 사람은 안 되는 구실이나 핑계를 찾는다.

"저는 인생 2막 준비를 위해 무엇부터 해야 할지 잘 모르겠어요." 이런 이야기를 하는 사람에게 독서를 권하면 어떤 대답이 나올까? "노안이 오기 시작해 책을 못 읽겠는데요. 시간이 없어 독서하기 힘들 것 같아요." 그동안 독서를 잘 하지 않았던 사람 대부분은 이런 이야기를 할 것이다. 인생 1막의 젊은 시절에 하지 못했다면, 인생 2막을 시작하는 지금 시작해도 절대 늦지 않다는 것이다. 늦었다고 생각할 때 시작하는 것이 가장 빠른 길이다. 서정진 회장이 말했듯, 이런 모든 이유는 단지 변명과 핑계일 뿐이다.

익숙한 것, 편안한 것과 결별하기

"낯선 길을 즐겨 찾는 자는 늙지 않는다."

〈쫓기지 않는 50대를 사는 법〉에서 적었던 챕터 제목이다. 책 출간 후 강연, 독서 모임 운영, 개인 코칭 등 지금까지 해온 일을 돌아보면, 대부분은 한 번도 시도해보지 않았던 낯선 길을 걸었던 시간이었다. 한 번도 시도해 보지 않았던 것들은 내 인생에 있어 첫 경험들이었다. 첫 경험의 종류가 많을수록 인생 2막 준비가 더 알차게 진행된다는 사실을 깨닫게 된 것이다.

첫 경험은 두려움과 불편함, 낯섦을 안겨 준다. 반대로 도전 없이 살 때는 익숙함과 편안함만 남는다.

"첫 경험 언제 했어요?" 인생 2막 준비를 주제로 강연을 하면서 청중들에게 던진 질문이었다. 다짜고짜 첫 경험을 언제 했는지 물어보면, 성적인 경험으로 오해할 수 있다. 하지만 인생 2막 준비를 할 시기에는 첫 경험을 많이 하는 것이 매우 중요하다. 나이가 들수록 익숙함과 편안함에 물들어 첫 경험들은 서서히, 나도 모르게 자취를 감추기 때문이다.

연말이 되면 퇴직을 앞둔 직원들과 차를 마시거나 점심을 하는 기회가 많이 생긴다. 직장 생활을 비슷하게 시작해서 서로 잘 알고 있으며 오랜 인연이 이어져 온 동료들이다.

고등학교 동기들이랑 태국에 가서 최고로 좋은 골프장에서 골프도 치고 요트도 타며 최고로 재미있는 시간을 보내고 왔다고 한다. 곗돈 1,500만 원을 모아 실컷 잘 놀고 왔다는 A 씨 이야기를 들었다.

12월, 이달에만 해도 골프 라운딩 약속이 7개나 약속이 잡혀 있고, 한 주만 출근하면 장기 재직 휴가를 쓰고 더 이상 출근하지 않는다는 B 씨 이야기도 들을 수 있었다. A, B 씨 모두 30년 이상 열심히 일했으니 실컷 놀고 즐기며 사는 삶을 택한 것으로 보였다. 사무실을 벗어나는 순간 해방이라는 마음도 느껴졌다. 이들을 보며 생각한 것은 당분간 쉼도 여유로운 충전이 필요하겠지만, 퇴직 후 별다른 계획 없이 생활한다면 새로운 도전을 하기는 어렵겠다는 생각이 들었다.

직장 동료 A, B씨를 보면 늘 해 왔던 익숙한 습관들이 삶 속에 뿌리 깊게 존재해 있다는 것을 알 수 있었다. 그 익숙한 습관들이 먹고 마시며 즐기는 것이 대부분이었고, 내 삶을 변화시켜 주는 좋은 습관은 없어 보였다.

퇴직을 앞두고 편안함과 익숙함에 물들어 있는 사람은 우리 주변에 너무 많다. 직장을 벗어나는 순간 해방이라는 사람도 있고, 무엇을 해야 할지 불안해하는 사람도 있다. 익숙함과 편안함은 마치 창살 없는 감옥에 자신을 가두고 살아가는 것과 같다.

예를 들어 새벽 기상, 좋은 식습관, 규칙적인 운동, 긍정적인 삶의 태도, 독서 습관, 외국어 공부, 새로운 자격증 등에 도전하는 일은 익숙함과 편안함이라는 감옥에서 스스로 나와 낯선 길을 가는 것이다. 낯선 길이 익숙해질 때까지 익숙함과 편안함이라는 감옥을 오가는 시간을 반복한다. 결국 이런 과정에서 수많은 시련과 역경의 시간을 견뎌 내는 것이 인생 2막을 준비하는 과정이다.

인간의 운명을 닭장 속 닭의 운명에 비유한 유명한 분이 있다. 〈역행자〉 저자인 자청이다. 사람의 시각에서 닭을 보면 닭은 나중에 치킨이 될 운명으로 정해져 있다. 사람도 닭처럼 유전자 각본에 따라 이미 정해진 운명으로 살아가는 사람들이 있다는 것이다. 퇴직 전후 아무 노력도 하지 않고 살아왔던 대로 살아간다면 닭의 운명과 별다를 바 없다. 유전자 명령의 틀을 바꾸는 것이 역행자의 삶이다. 의도적으로 불편한 길로 들어가는 것, 도전을 멈추지 않는 것, 평생 공부하는 사고방식으로 바꿔야 한다. 이것이 바로 유전자 명령의 틀을 바꾸는 방법이다.

익숙함과 편안함이라는 창살 없는 감옥에서 퇴직을 맞이하게 되면, 퇴직 후에도 닭장 속의 닭과 같은 운명으로 살아갈 확률이 아주 높아진다.

"첫 경험이 많을수록 삶은 풍성해진다."

이 문장은 공기업 직원을 대상으로 한 강연에서 했던 말이다. 퇴직 시기가 되면 새로운 도전이나 무언가를 시도하는 것을 망설이게 된다. 그동안 살아 오면서 쌓아 온 삶의 경험과 인맥으로 살아도 큰 문제가 없기 때문이다. 편안함과 익숙함이 삶을 지배하게 되면 새로운 도전은 자신도 모르게 자취를 감추게 된다.

오랫동안 익숙하게 해 왔던 여행이나 단체관광을 버리고 홀로 여행하는 것도 첫 경험이다. 나에게 있어 오지 여행은 인생에서 잊지 못할 첫 경험들이었다. 2018년부터 오지 여행을 실행에 옮겼다. 남미 페루 마추픽추를 시작으로 2019년 두 차례의 아프리카 여행, 2023년 남미 브라질과 아르헨티나를 다녀왔다. 장거리 비행 시간과 시차 적응이 제대로 되지 않으면 오지 여행은 도저히 불가능하다. 평상시 오지 여행을 위해 영어 공부와 체력 관리는 물론, 첫 경험에 대한 상상력과 설렘을 키워왔기 때문에 가능했다.

익숙함과 편안함에는 안정감과 정적인 삶이 스며있다. 도전이라는 첫 경험에는 불안, 낯섦, 두려움 등의 심리 상태가 존재한다. 인생 2막 준비에 있어 가장 먼저 배척해야 할 것이 익숙함과 편안함이다. 익숙함과 편안함은 마비를 뜻한다. 첫 경험의 수를 늘리기 위해 자신도 모르게 만들어 놓았던 생각의 벽, 마음의 벽을 허무는 연습이 필요하다.

'해리포터' 영화에 보면 열한 살 고아 소년 해리가 '호그와트 마법학교'에 입학하기 위해 '런던 킹스크로스역 벽을 뚫고' 들어가던 장면이 나온다. 해리포터 작가 조앤 K. 롤링 에게는 '해리포터 시리즈'가 인생의 벽을 문으로 만든 결정적 계기가 됐다.

"내 인생의 벽을 뚫고~~~" 2018년 DID 강연 코칭과 치유 과정을 들으며 킹스크로스역 벽을 뚫고 들어가는 영화 속 장면을 직접 연기하며 '내 인생의 벽을 뚫는다.'는 외침을 시작했다. 힘든 순간마다 '런던 킹스크로스역 벽을 뚫고'라는 말을 나도 모르게 되뇌었다. 그 외침은 잠재의식 속에서 내 인생의 벽을 뚫는 것으로 전환되었다.

지금도 내 인생의 새로운 벽을 허물기 위해 끝없이 도전하

고 있다. 그 힘의 원천이 이러한 사소한 명문장에서 비롯된 것
이다.

사람이 죽을 때 가장 많이 하는 후회 중 하나는 더 많이 도
전하며 살지 못했다는 것이라고 한다. 인생은 익숙하고 편안
한 감옥에서 벗어나 내가 하고 싶은 것, 원하는 것에 도전하는
삶이 더 값지다. 이것이 인생 2막 준비다. 혹시 내가 익숙함과
편안함의 감옥에서 살고 있는 것은 아닌지 자문자답해 봐야
한다.

욕망은 내리고
절제는 올리고

"작가님 피부가 너무 좋아졌어요. 무슨 비결이 있으세요?"

각종 모임이나 강연에서 한동안 만나지 못했던 지인을 만나면 가장 많이 듣는 말이 피부가 좋아졌다는 말이다. 작년 사무관 동기생 모임을 전북 남원에서 1박 2일로 가진 적이 있었다. 이날도 만나자마자 동기들이 한결같이 피부가 좋다는 이야기를 많이 했다.

그날 저녁 회식을 하며 각자 돌아가면서 건배 구호를 외치며 의미를 다지는 시간을 가졌다. '욕망은 내리고 절제는 올리고'는 동기생들과 함께 잔을 들고 내가 외친 건배 구호였다. 동기생들은 이 건배 구호를 듣고 무척 좋아했다.

내 피부가 좋아진 대표적인 이유가 뭘까? 타인으로부터 피부가 좋다는 말을 들을 때마다 늘 떠올렸던 중심 단어가 욕망과 절제였다. 하고 싶은 욕망은 내리고 하지 않아야 할 절제는 올렸기 때문에 가능했다. 대표적인 예가 음식이었다. 과식이나 간식 등 더 먹고 싶은 욕망을 내리려 노력했고 몸에 안 좋은 음식은 절제하려 애썼더니 피부에 좋은 영향을 준다는 사실을 알게 됐다. 음식에 대한 욕심을 버리고 절제하며 살아온 지도 벌써 4~5년이 되어 간다. 평소 의식도 없이 먹어 왔던 빵, 과자, 면류, 아이스크림, 김밥, 떡볶이, 햄버거, 피자, 햄, 소시지 같은 가공식품과 매콤달콤하고 달달한 음식, 떡갈비 같은 냉동식품 등은 거의 먹지 않는다. 이런 음식들은 입맛에는 좋지만, 신체 건강에는 좋지 않다. 일정 기간 먹지 않으면 뇌에서 계속 떠오르는 음식이지만, 먹고 싶은 욕망은 줄이고 절제는 높였다.

또 하나의 예를 들자면 담배, 술, 커피다. 이들은 모두 기호식품이다. 담배는 오래전에 끊었지만 술만 마시면 습관적으로 한두 개피 피우는 버릇이 있었다. 양복 주머니 속에는 그 전날 술에 취해 한 갑씩 사서 피우고 남은 담배가 수시로 발견되기도 했다. 술을 완전히 끊은 것은 4년 전의 일이다. 술은 단순한 기호식품이 아니라, 뇌에 직접 작용하는 정신활성 물질로서 감정을 담당하는 편도체를 흥분시킬 수 있다는 사실을 알게 됐다.

술을 완전히 끊게 된 것은 3년 동안 지속된 코로나 덕분이다. 코로나 이후 직장에서의 저녁 회식은 거의 사라졌다. 술을 좋아하지 않았던 나에게는 더없이 좋은 기회였다. 자존감이 회복됐기 때문에 내 생각과 행동을 당당히 펼칠 절호의 기회라 생각됐다. 만약 불가피하게 저녁 약속이 있어 식당에 가게 되더라도 술은 못 마신다고 선언한다. 이때부터 마음이 아주 편해진다. 술을 권하는 일이 없어지기 때문이다.

직장 상사 중 나와 비슷한 분이 한 분 있었다. 이분은 술자리 모임이나 회식에서 명확한 기준을 가지고 있었다. 회식이나 행사장에 가면 무알코올 맥주를 가지고 다녔다. 무알코올 맥주를 가지고 다닐 수 있었던 이유는 수행비서가 있었기 때문이다. 이분의 명확한 행동을 보고 분위기에 휩쓸리는 삶을 살지 않는 분이라고 생각했다. 그때 그때 분위기나 타인의 행동에 휘둘렸던 나 자신의 모습을 깨닫고, 이것이 문제임을 깊이 인식하게 되었다.

커피 또한 2021년 5월부터 완전히 끊었다. 지금까지 어떠한 상황에서도 커피를 마셔본 적은 없다. 커피로부터 완전히 자유로운 삶이 됐다. 두 가지를 중단함으로써 내 삶의 주인은 나 자신이라는 사실이 더 현실감 있게 다가왔다.

친한 친구 한 명이 있다. 이 친구와 모임에 함께 참석한 적이 있었다. 처음에는 술을 절대 마시지 않겠다는 확고한 생각이 있었다. 오늘 절대 술을 마시지 않겠다고 친구들에게 선언도 했지만, 주변의 지속적인 권유에 결국 술을 마셨다. 이 친구 행동은 과거 나의 모습과 판박이라 해도 과언이 아니었다. 그 당시 분위기에 휩쓸려 술을 마시거나 원하지 않는 모임에 자의 반 타의 반으로 갔던 지난 시절이 떠오르기도 했다.

술 하나만이라도 회식이나 모임에서 단절하거나 절제할 수 있다면 삶의 방향이 완전히 달라진다. 그 당시 상황이나 분위기에 휩쓸리는 사람들은 그 중심에 자존감, 인생철학, 목표 등 내 삶의 명확한 방향이 불분명하다. 자존감이 높고 인생철학과 목표가 명확한 사람은 타인의 행동에 영향을 덜 받고 내 삶의 목표를 향해 흔들림 없이 전진할 수 있기 때문이다.

요즘은 가공식품 천국의 시대이자 입맛에 좋은 불량음식이 널려 있는 시대에 살고 있다. 못 먹어서 건강에 문제가 되는 시대가 아니라 너무 많이 먹거나 제대로 된 음식을 먹지 않아서 건강에 문제가 되는 시대가 됐다. 모 지자체에서 매년 라면 축제, 떡볶이 축제를 개최하고 있다. 나는 이런 음식을 불량음식을 넘어 가짜 음식이라고 생각한다. 매콤달콤하게 만들어 입맛을 중독되게 하는 대표적인 식품이다. 음식으로 못 고치는 병은 약으로도 못 고친다는 말이 있다. 결국 이 말은, 몸이 좋아하는 음식을 꾸준히 섭취하면 건강을 관리할 수 있다는 의미로도 해석할 수 있다. 내 피부가 좋아진 것은 먹고 싶은 욕망은 줄였고 절제는 높였기 때문에 가능했다는 것에 한 치의 의심도 없다. 과식의 욕망을 줄이고 음식을 절제하는 데에는 꾸준한 노력이 필요하다.

나에게 골프는 욕망과 절제를 대변해 주는 대표적인 취미다. 2009년 미국 연수 시절에 골프를 배웠다. 미국 샌디에이고 토리파인스 명문 골프장에서 홀인원을 한 경험도 있다. 2010년 국내 복귀 후 본격적으로 골프에 몰입했다. 골프는 내 삶의 큰 비중을 차지했다. 일과 후 시간을 독서와 명상에 5~10% 정도만 할애했다면, 나머지 90~95% 이상은 골프와 술 등 유희적인 활동에 쏟았다. 골프에 몰입하다 보니 자연스럽게 골프 친목 모임이 결성됐다. 그 모임의 총무가 됐다. 퇴근 이후 인도어 연습장에 가기를 밥 먹듯이 했다. 일상 대부분의 시간을 골프로 보내면서 많은 시간을 소비한다는 사실조차 몰랐다. 그 당시 골프를 잘 배워 싱글을 목표로 했기 때문이다. 골프 개인 교습도 오랫동안 받았고, 동료 선배 골퍼로부터 혹독한 골프 교습도 받았다. 최고 80타까지 친 적도 있었다. 골프는 나의 삶이나 마찬가지였다. 겨울철이면 필리핀, 베트남, 일본 등 동남아로 골프 여행을 갔다.

골프 모임이 서서히 줄기 시작했던 시기가 2017년이다. 이때부터 독서 모임 활동을 활발하게 하기 시작했다. 2020년 첫 책 출간을 위해 책 쓰기 교육을 받은 시점부터 골프는 완전히 멀어지기 시작했다. 첫 책을 쓰기 위해 집중해야 했기 때문이다. 만약 골프를 계속했더라면 첫 책은 절대 나올 수 없었을 것이다. 2021년 1월, 책 출간 시점이 코로나19와 겹치면서 자연스럽게 골프는 내 일상에서 사라지게 됐다.

지금 생각하면 골프를 중단한 것이 가장 잘했던 결정이었다. 책 출간 이후 골프로 계속 시간을 소비했다면 인생 2막 준비를 위한 시간을 제대로 확보하지 못했을 것이다. 주말 골프는 통상적으로 한 번 나가면 하루 대부분의 시간을 보낸다고 해도 과언이 아니다. 18홀을 끝내는 데 앞 홀이 밀리면 5시간도 걸린다. 시간을 엄청나게 소비하는 것이 바로 골프다. 주말은 물론 일과 이후 골프에 시간을 쓰지 않고 독서, 강연, 각종 배움에 투자했던 시간이 모였기 때문에 성장할 수 있었다.

인생 2막을 준비하며 반드시 짚고 넘어야 할 부분은 욕망과 절제다. 그동안 의식도 없이 익숙하게 해 왔던 것을 계속 유지하려는 욕망과, 그 욕망을 절제해야 하는 선택의 순간이 반드시 찾아온다.

"인생 뭐 있나? 먹고 싶은 거 먹고, 하고 싶은 거 하고 사는 게 인생이지."

이런 말과 행동 중심에는 인생 2막 준비와 거리가 멀다. 먹고 싶은 것 다 먹고, 하고 싶은 것을 다 할 수 없는 것이 인생이라는 사실을 알아야 한다. 인생 2막을 준비한다면, 골프 친목 모임이 자신에게 유익한지 아닌지 스스로 결정해야 한다. 골프는 프로가 되지 않는 이상, 퇴직 이후 여러 친목 모임을 통해 얼마든지 다시 할 수 있는 기회가 있기 때문이다.

먹고 싶은 것과 하고 싶은 것을 절제하면, 미래 나의 건강이 보장 된다고 생각하며 그 생각들이 나를 행복하게 해 준다.

그동안 인생 2막 준비를 하면서 꾸준히 실천한 것을 꼽으라면, 하고 싶은 욕망은 줄이고 절제는 높이는 데 주력한 것이다. 절제란 온갖 유혹과 달콤함을 뿌리치고 견뎌내는 힘이다. 영어 공부, 새벽 기상, 운동, 다이어트 등 우리가 하는 많은 것들은 반드시 욕망과 절제가 동반된다. 욕망을 줄이고 절제하지 않는 인생 2막 준비는 없다.

연봉의 10%
배움에 투자하기

"배움에 대한 투자는 반드시 돌아온다. 인풋이 있어야 아웃 풋으로 돌아온다. 맷돌에 아무것도 넣지 않으면 돌가루만 나온다."

몇 년 전 〈고교중퇴 배달부, 1억 연봉 메신저가 되다〉, 〈메신저가 온다〉 등 여러 책을 출간한 박현근 작가가 강연에서 한 말이다. 인생 2막을 준비하며 배움에 있어 이보다 더 의미심장한 말이 있을까? 무엇이든 도전하거나 배우지 않으면 인생 2막을 준비할 수 없다. 내 안에 있는 고정관념이나 벽을 깨는 방법도 없다. 지금도 강연에서 들었던 '맷돌'이라는 단어가 기억 속에 생생히 맴돈다. 그는 배움에 대한 투자를 본인 연봉의 최소 3%에서 최대 10%까지 하라고 했다. 연봉이 1억이라면 300만 원에서 1천만 원, 5천만 원이라면 150만 원에서 500만 원을 배움에 투자하라는 이야기다.

2023년 한 해 동안 배움에 투자한 금액이 얼마였을까? 도서 구매, 독서 모임, 개인 코칭, 강연 수강 등에 1,500만 원이 넘게 지출했다. 연봉 대비 10%가 넘는 금액을 배움에 투자했다. 배움에 처음 투자할 때, 연봉 대비 3%를 투자하기는 어렵다. 배움에 대한 첫 투자라는 씨앗을 뿌리는 것이 무엇보다 중요하다.

나에게 2018년은 배움의 씨앗을 뿌린 원년이 되었다. 그 이전까지는 개인 비용을 들여 무언가를 배운 적은 한 번도 없었기 때문이다. 2017년 독서 모임에 참여하면서, 2018년 두 개의 오프라인 강연을 소개받았다. 페이스북에는 2018년 배움에 투자했던 기록이 고스란히 저장되어 있었다. 하나는 DID 강연 코칭과 치유 과정이었고, 또 하나는 파워 리더스 클럽(PLC) 과정이었다.

내 인생에서 개인 돈으로 오프라인 교육비를 지출한 최초의 사건이었다. 그동안 놀고 먹고 마시는 비용만 썼지, 사비로 일정 기간 교육을 수강한 적은 한 번도 없었다. 그해 11월, 4천억 원 자산가 스노폭스 김승호 회장의 강연을 듣기 위해 서울 강남 코엑스에 갔던 일을 잊을 수 없다. 강연 주제는 "대를 잇는 가난의 고리를 끊는 법”이었다. 4시간 강연을 듣기 위해 자그마치 9만 9천 원을 지출했다. 교통비와 식비까지 합치면 20만 원이 넘는 금액을 투자한 셈이다. 김승호 회장은 참가자 전원에게 ‘아마존’에서 13달러에 샀다는 100만 달러 지폐를 나눠주었다. 이 돈이 실제로 10억이 되는 날을 상상해 보라고 했다. 이 강연을 듣기 전과 후, 내 관점이 완전히 바뀌는 계기가 됐다. 배움에 있어 돈을 아끼지 말아야겠다는 생각의 전환이었다. 4시간 강연을 듣고 느낀 점은 비용 투자가 아깝지 않았다는 것이었다. 왜 사람들이 수백만 원, 수천만 원의 강의료를 지출하며 명강의를 듣는지 이해할 수 있었다.

누구든지 배움에 있어 첫 지출과 투자는 결정하기 어려운 부분이다. 당장 결과로 이어지지 않을 수도 있기 때문이다. 가장 중요한 것은 배움에 대한 씨앗을 꾸준히 뿌려야 한다는 점이다. 배움은 단발적으로 끝나서는 안된다. 만약 2018년 배움에 대한 투자가 한 번으로 끝났다면, 지금의 결과는 없었을 것이다.

배움에 대한 투자는 2021년 책 출간 이후 본격적으로 시작되었다. 책을 쓴 대로 살기 위해 새로운 만남과 도전을 하는 과정에서 자연스럽게 배움이 연결됐다. 대표적인 것이 김형환 교수님이 주관한 1인 기업 과정과 김상임 코치님이 진행한 코치 자격 획득 과정이었다.

"여러분들이 총 20시간의 수업을 마치고 나면 코칭할 수 있는 역량을 갖추게 됩니다. 돈을 받고 코칭할 수 있습니다."

2021년 책 출간 다음 달인 2월 말, 블루밍연구소 김상임 코치님으로부터 인터널코치 육성과정 교육을 받았다. 한 마디로, 한국코치협회 KAC 코치 자격을 획득하기 위한 과정이었다. 이 과정 수료 후, KAC 자격증을 취득했다. 이것이 토대가 되어 '에스프레소 코칭'이라는 이름으로 개인 유료 코칭 과정을 열게 됐다. 에스프레소 커피 한 잔 가격으로 1시간 코칭을 하는 것이다. 내 인생 최초의 유료 코칭 과정이었다. 코칭에 입문한 지 1년 만의 성과였다. 2022년 '아시아코치센터'에서는 수백만 원의 수강료를 지출하고 코칭 과정을 듣게 됐다. KPC, PCC 코치 자격 과정을 획득하기 위해서였다. 이 과정을 수강한 덕분에 KPC 코치 자격증을 취득했다. 향후 PCC 자격 시험을 획득하기 위한 교육 수강 조건을 갖추게 된 것이다.

그동안 강연을 수강하며 깨달은 점이 있다. 배움이 성과로 이어지기도 하지만 대부분은 당장 성과로 나타나지 않는다. 인내심을 가지고 배움에 투자할 필요가 있다. 배움에서 명심해야 할 것은 반드시 나의 것으로 소화시키는 과정이 필요하다는 점이다. 돈을 투자해 배우기만 하고 아무 행동도 하지 않는다면 배움의 흔적은 쉽게 사라진다. 책을 읽고 아무 행동도 하지 않으면 변화가 없듯, 배움도 마찬가지다. 실천 없는 단순한 배움과 공부는 내 안에 머무르지 않고 사라진다. 익히는 과정인 습관의 '습'이 빠졌기 때문이다. 결국 배움과 공부를 통해 깨달아야 할 본질은, 나만의 학습 과정을 거쳐 내 것으로 만드는 과정이 있어야 한다. 익힘이 없는 단순한 배움과 공부는 나를 배반할 수 있어도, 나의 것으로 소화한 배움과 공부는 나를 절대 배반하지 않는다. 배움과 공부의 본질은, 내가 배우고 공부한 것들이 자신을 변화시켜야 한다.

배움의 이면에는 감춰진 불편한 진실도 있다. 배움 중독을 경계해야 한다. 코로나19를 기점으로 온라인 교육이 보편화되면서, 온라인 강연 과정이 우후죽순처럼 번져 나갔다. 주변을 보면 철새처럼 여기서 배우고 저기서 배우는 사람들을 자주 보게 된다. 배움 중독이라는 것은 종종 실천을 회피하기 위한 수단이 되기도 한다. 배운 것을 실행하는 것보다는 또 다른 것을 배우는 것이 훨씬 더 수월하기 때문이다.

내가 온전히 소화할 수 있는 만큼만 배워야 한다. 또한, 제대로 배워야 한다. 독서에도 목적을 두듯, 배움에도 무엇 때문에 이것을 배우는지 자신에게 물어보는 습관을 길러야 한다. 남이 배우니, 나도 따라 배우는 것만큼 어리석은 것도 없다. 배움에 대한 투자는, 이유식을 끝낸 아기가 음식을 소화하듯, 조금씩 서서히 늘려가야 한다.

한가함은 즐기고,
무료함과 권태에서 벗어나기

"선배님, 요즘 잘 지내고 계십니까? 뭐 하고 지내는지요?"

오랜 직장 생활을 한 후 퇴직한 직장 선배에게 오랜만에 전화가 와서, 무엇을 하는지 물었다. 서울의 한 초등학교에서 소사로 일하고 있다고 했다. 소사는 일제 강점기 유래된 말로, 잔심부름이나 잡다한 일을 하는 사람을 뜻한다. 요즘은 학교 경비원이나 관리인으로 명칭이 바뀌었다. 선배님 말씀에 따르면, 1년 단위로 계약이 이루어지는데, 웬만하면 재계약을 통해 70세까지는 무난히 일할 수 있다고 했다. 월급이 얼마인지 궁금해서 물었더니, 최저 시급에 수당을 포함하면 월 250만 원 정도 된다고 하며 만족감을 표시했다. 퇴직 전에 원예 관련 자격증을 땄던 것이 효과를 발휘했다고 한다. 직장 다니면서 퇴직 후 무엇을 할지 준비를 했다는 말이다.

학교 경비원이라는 직업은 두 가지 의미로 다가왔다. 퇴직 후 마땅히 하는 일 없이 보내는 사람에 비하면, 70세까지 일을 할 수 있다는 사실은 무엇보다 보람 있고 즐거울 것 같았다. 문제는 현실에 매몰되어 나무만 보지 말고, 70세 이후 숲을 볼 필요가 있다는 점이다. 학교 경비원이라는 직업은, 70세가 넘어서 즐겁고 행복한 시간을 보내는 마중물 과정이다. 학교 경비원으로 근무하며 보내는 시간을 통해 자기가 원하는 삶을 위해 꾸준히 노력한다면, 70세 이후에도 자아를 실현하며 충분히 행복하게 살 수 있다는 생각이 들었다. 학교 소사 생활을 통해 70세까지 의미 있게 살았다면, 70세 이후 삶에도 더 큰 의미를 부여하며 살아야 진정한 인생 후반기의 삶이 된다. 1920년생인 김형석 교수가 70세의 나이를 생각한다면 아직 청춘의 시기가 아닐까?

인간은 유희를 추구하는 동물이다. 어쩌면 잘 먹고 잘 노는 것이 인생의 목표가 될 수 있다. 잘 논다는 것에는, 각종 놀이 문화를 통해 잘 즐기는 것도 포함된다. 유희를 잘하는 것에도 배움이 필요하다. 배움 여하에 따라 유희에도 품격의 차이가 있기 때문이다.

명지대 김정운 교수의 〈노는 만큼 성공한다〉에서 노는 것에 대한 분명한 정의를 내렸다. 얼핏 보면 주야장천 노는 것이 성공이라고 생각할 수 있다. 절대 그런 의미가 아니다. 책 제목은 독자의 시선을 유혹하는 은유적 문장에 불과하다. 이 책이 2005년 첫 출간된 후, 지금까지도 잘 팔리고 있는 이유 또한 책 제목과 무관하지 않다고 생각한다. 이 책에서 '논다'는 것을 창의성과 동의어로 규정했다. '논다'는 것의 본질은 창의적으로 놀아야 성공한다는 뜻이다. 작가는 창의성을 또 다른 단어와 결부시켰다. 바로 '낯섦'이다. 낯설게 놀아야 성공한다는 등식이 성립하는 셈이다. 하루하루를 창의성과 낯섦 없이 그냥 즐기고 논다면, 성공과는 거리가 먼 삶이 되는 것이다. 결국 인생 후반기에도 공부와 배움을 통해 창의적으로 놀아야, 내가 원하는 삶을 살아갈 수 있다.

인생 2막을 준비하며, 가슴속에 늘 품었던 단어가 '살던 대로 살면 죽도 밥도 안 된다'는 것이었다. 퇴직 후 목표도 불분명하고, 어떤 도전이나 창의적 노력 없이 편안함만 추구한다면 어떤 상황이 도래할까? 퇴직한 선배 공무원을 보면, 퇴직후 노는 것도 하루 이틀이라는 말을 많이 듣는다. 실컷 놀다 보면, 무료함과 권태기가 소리 없이 찾아온다는 말이다. 백수가 과로사한다는 말도 퇴직 후 몇 년 또는 길어야 10년이다. 이곳저곳 정처 없이 바쁘게 다니다 보면 그렇게 보내는 시간도 10년은 훌쩍 지나가게 된다. 특히 퇴직 후 70이 지나면 무엇을 할지 몰라 무료한 상황이 도래하는 것은 시간문제다. 오랫동안 편안함이 지속되면 삶의 긴장감은 없어지고, 권태와 무료함의 유혹이 끝없이 손길을 내밀기 때문이다.

퇴직 후 특별히 하는 일 없이 여생을 보내는 사람과, 내가 원하는 삶을 살기 위해 도전하는 사람 중 누가 더 행복할까? 물론 행복의 기준은 주관적이지만, 이래 사나 저래 사나 삶의 본질은 고통이라는 점에서 생각해 볼 필요가 있다. 살면서 경험하는 고통에는 목표를 향해 도전할 때 받는 고통이 있고, 하는 일 없어 무료함과 권태에서 받는 삶의 고통이 있다. 같은 고통인 것 같지만 두 가지 고통은 질적으로 다르다. 목표에 도전하고 성취하는 과정에서 수반되는 고통은 잘 견뎌 낸다면 성과라는 행복을 가져다주지만, 무료함과 권태에서 받는 고통은 견뎌 내더라도 아무 결과가 없다. 이러한 고통을 평생 안고 가야 한다면 너무 잔인하지 않을까?

우리 삶에서는 넘쳐나는 시간과 무료함에서 오는 고통이 결핍에서 오는 고통보다 더 심각하다. 내 인생에 목표가 있고 도전하는 한 결핍은 존재한다. 결핍을 메우기 위한 과정은 고통스럽지만 행복을 가져다준다. 내가 원하는 삶을 살아가기 위해 필수적으로 수반되는 고통을 견뎌 내는 과정에서 진정한 행복이 찾아온다.

결국 우리 삶 전체를 볼 때 유희와 쾌락으로만 행복을 찾기는 불가능하다. 반복되는 유희와 쾌락은 무료함으로 변질되기 때문이다. 끝없는 유희와 쾌락만 추구한다면 한 인간의 삶은 황폐해지기 쉽다. 유희와 쾌락의 수위가 높아지면 배움과 공부를 등한시하게 되고, 자아실현이라는 인생의 본질적인 삶의 목표가 사라지기 때문이다. 단적인 예로 사회적으로 유명한 인물들이 술, 여자, 도박, 마약 등의 혐의로 언론 보도에 심심찮게 등장한다. 이들 중 일부는 스스로 삶을 마감하기도 한다. 그 원인을 살펴보면 유희와 쾌락을 추구해 온 삶 속에서 자신을 다스리지 못했기 때문이다. 유희는 마치 브레이크 없는 기관차와 같이 멈춤이 없다.

인생 후반기는 잘 먹고, 잘 노는 것만을 인생의 목표로 삼기보다는, 배움과 공부를 통한 지적 활동의 비율을 적절히 조화시키는 삶이 중요하다. 그 속에서 한가함을 즐겨야 한다. 인생 후반기에 창의적 활동 없이 여가 활동만 한다면 두뇌는 급격한 노화에 직면하게 된다. 뇌의 중요한 부분인 전두엽 기능이 떨어지면서 노화를 앞당기기 때문이다. 대표적인 증상은 낯섦과 변화를 두려워하는 것이다. 이 외에도 새로운 일을 시작할 의욕이 상실된다. 퇴직 후 몇 년 이상 하는 일 없이 유희만 즐긴다면 퇴직 전에 뭔가 하려 했던 의욕은 급격히 사라진다.

인생을 먼저 살아갔던 사람들과 같은 전철을 되풀이하지 않기 위해 평생 배우고 공부하는 삶의 패러다임으로 바꾸어야 한다. 문제는 한 번 몸에 길들어진 익숙한 습관은 단시일에 바뀌지 않는다는 것이다. 사람들에게 새로운 것을 하라고 하면 현재 조건, 환경, 신체적·육체적 불편을 호소하며 온갖 핑계를 대는 사람이 있는가 하면, 현재 상황을 받아들이고 도전하는 사람이 있다. 마치 길을 걷다 같은 장애물을 만나도 어떤 사람은 이를 걸림돌로 생각하고, 또 어떤 사람은 디딤돌로 생각하는 것과 같은 이치다.

인생 2막 준비는 지금이 최고의 시기다. 유희만 즐긴다면 인생 종착역으로 가는 특급 열차에 탑승해 남들보다 일찍 종착역에 도착하여 무료함과 권태라는 고통 속에 죽음을 맞이하게 될지도 모른다.

야밤의 세상에서
새벽 세상으로

"저는 2021년 전반기를 끝내주게 살았습니다. 지금까지 한 번도 경험해 보지 못한 세상에서 한 번도 경험해 보지 않은 시간을 경험하며 살았기 때문입니다."

5년 전 영화배우 차인표가 '세바시' 강연에서 이야기했던 내용이다. 이 영상을 보며 깨달은 사실은 새벽 세상이었다. 평소 야밤의 세상에만 살았던 사람들은 새벽 세상이라는 곳이 어떤지 전혀 모를 수 있다는 사실이었다. 영화배우 차인표는 매일 새벽 4시 50분에 기상해 4달 동안 운동하며 새벽 세상을 만남으로써 '머슬 매거진' 표지모델에 선정될 수 있었다.

나의 경우는 천성적으로 야밤 세상보다 새벽 세상을 즐겼던 것 같다. 돌이켜 보면 2003년 호주·뉴질랜드 배낭여행을 계기로 새벽 기상을 시작했다. 그 당시 매일 아침 시내 YBM 어학원에 다니며 토익 시험과 영어 회화 공부를 해야 했기 때문이다. 비가 오나 눈이 오나 매일 아침 학원을 빠지는 일 없이 규칙적으로 다녔다. 새벽 기상 덕분에 토익 점수 700점을 넘기며 2009년 온 가족이 미국 연수를 갈 수 있게 됐다. 새벽 기상이 주는 놀라운 효과를 직접 경험한 것이다.

미국 연수 이후에도 새벽 기상은 이어졌다. 새벽 기상 이후 가장 먼저 하는 것은 명상이다. 명상을 통해 마음의 흐름을 살피고 복잡하게 얽힌 번민을 비우려 노력했다. 명상이 주는 놀라운 효과를 서서히 경험하게 됐다. 새벽 명상은 새벽 세상의 놀라움을 일깨워 주는 촉매제였다.

2017년 독서 모임에 참여하며 새벽 기상의 필요성이 더 커졌다. 새벽 기상을 통해 명상, 독서, 글쓰기, 새벽 운동 등 수많은 규칙적 습관을 가능하게 만들었다. 새벽 기상이 없었다면 좋은 습관을 만들기는 불가능했을 것이다. 새벽 기상은 내 삶을 성장시켜 줬던 핵심 습관이라 할 수 있다.

새벽 기상이 주는 놀라운 효과를 경험한다면 새벽 기상을 중단할 수 없다. 문제는 새벽 기상이 주는 놀라운 효과를 경험하더라도 새벽 기상 루틴을 꾸준히 실행하지 못하는 사람들이 있다. 이런 사람들의 생활 중심에는 새벽 기상을 방해하는 여러 습관이 자리 잡고 있기 때문이다. 사람마다 차이가 있겠지만 TV 시청, 게임, 음주, 저녁 모임, 과도한 스트레스 등이 주요 원인이 된다.

이 중에서 가장 피해야 할 것이 있다면 바로 술이다. 술을 즐겨 마시는 음주 습관이 있다면 분위기나 스트레스 등 여러 사유로 과음을 피하기 어렵다. 술은 편도체를 활성화해 수면의 질이 낮아지게 한다는 연구 결과도 있다.

술 이외에도 새벽 기상 습관을 결정적으로 방해하는 것은 무엇일까? 가장 큰 원인이 무엇인지 찾아내 끊어내는 결단이 필요하다. 새벽 기상은 일시적으로 끝내는 이벤트가 되어서는 안 된다. 습관이 주는 놀라운 효과는 단기간에 나타나는 것이 아니라 내 삶의 일부로 자리 잡았을 때 비로소 확실하게 나타난다. 새벽 기상을 2003년 토익 시험과 영어 회화 공부를 할 때만 하고 중단했다면 내 삶은 변하지 않았을 것이다.

새벽 기상 습관만이라도 평생 지속한다면 인생 2막을 준비하는 데 가장 확실한 무기가 될 것이라 확신한다.

"하루 6시를 두 번 만나는 사람이 세상을 지배한다. 인류 역사가 시작한 이래 자수성가한 인물 중 늦잠을 자며 성공한 인물이 없고, 부모 덕에 물려받은 권력이나 재물을 늦잠을 자며 유지한 인물은 없다."

스노폭스 김승호 회장이 집필한 〈생각의 비밀〉에 나온다.

2017년 독서 모임에 활동하며 이 책을 읽었는데, 내 일상에 큰 변화를 줬던 문장이었다. 새벽 6시를 넘어 기상하는 일은 절대 있어서는 안 된다는 생각이 마음속에 철저히 자리를 잡기 시작했다.

새벽형 인간으로 바뀌면서 주의할 점이 하나 있다면, 잠을 줄여가면서 어떤 일이든 해서는 절대 안 된다는 것이다. 나 또한 새벽 기상에 도취되어 잠을 줄이며 새벽 기상 시간을 조절한 적이 있었다. 2020년 7월 조성희 대표님의 마인드 파워 교육을 받을 때였다. 주말 오전 서울 강남에서 교육을 받았는데, 거제도에 사는 수강생은 심야 고속버스를 타고 토요일 새벽 강남역에 도착해 교육을 받았다. 이분은 완전한 새벽형 인간이었다. 이분의 행동과 마인드 파워 교육의 영향을 받아 새벽 5시 기상에서 4시로 한 시간 앞당겨 기상을 시작했다. 실제 수면 시간은 4시간 30분 정도밖에 되지 않았다. 1년 넘게 지속했더니 몸에 이상 신호가 나타났다. 아침부터 정신이 멍한 상태가 반복됐고 몸 상태도 개운하지 못했다. 잠을 줄여 가며 새벽 시간을 활용하는 것이 건강에 치명적이라는 것을 몰랐다.

수면을 줄여가며 무언가를 한다면 자신의 건강과 생명을 단축하는 것과 같다. 〈환자혁명〉, 〈몸이 먼저다〉 등의 건강 관련 서적을 읽어 보면 이런 비슷한 이야기가 나온다. 수면이 건강에 가장 중요하다는 사실을 깨달은 이후 부터는 수면을 줄이는 것과는 일절 타협하지 않는다. 만약 지금까지 새벽 4시 기상을 철저히 시행했다면 내 몸은 병든 몸이 됐을 것이다. 이제는 규칙적인 수면 습관을 유지하며 일상생활을 지속하고 있다.

사람마다 적정 수면 시간은 다르다. 수면 시간과 수면의 질 모두 중요하다. 나이가 들수록 깊은 수면 시간이 줄어든다. 나의 최적 수면 시간은 7시간 전후라는 사실을 깨달았다. 사람마다 생체 리듬이 다르다. 어떤 사람은 잠을 5시간만 자도 숙면이 가능하다.

확실한 것은 나이가 들수록 수면의 질이 떨어진다는 사실이다. 50대부터는 30~40대와는 달리 대사 기능과 생체 리듬이 달라짐을 몸으로 느낀다. 50대가 지나면 어린아이 같은 숙면은 기대하기 어렵다.

숙면에는 정신 관리와 스트레스 관리가 중요하다. 항상 감사하는 마음, 비워내는 마음으로 스트레스를 저장하지 않고 밖으로 보내려 노력한다. 새벽 기상을 통해 새벽 세상을 살아온 지도 어언 25년을 향해 가고 있다. 그 이전의 삶은 아주 불규칙적이라 해도 과언이 아니다. 완전한 아침형 인간이 된 것이다. 성격상 부지런히 움직이는 것을 좋아한다. 침대에서 게으름 피우며 뒹굴뒹굴하는 스타일은 아니다. 아침형 인간이 지금의 나를 만들었다고 자부한다.

새벽 기상 습관은 무엇보다 내면의 나를 다스리는 데 큰 힘을 발휘했다. 새벽 기상을 하자마자 적게는 10분, 길게는 30분간 명상을 한다. 2010년 아내와의 사별과 더불어 명상을 시작했으니 햇수로 15년이 넘었다. 새벽 기상은 독서, 운동, 글쓰기 등 수많은 도전을 할 수 있게 만들었다.

야밤의 세상을 버리고 새벽 기상을 습관으로 만들어간다면 더 많은 좋은 습관을 기를 수 있다. 새벽 기상이 미라클 모닝과 연결된다는 의미다. 본격적인 일과가 시작되기 2~3시간 전에 기상해 독서, 운동, 자격증, 외국어 또는 경제 공부 등 자기계발을 할 수 있다. 새벽 기상 후 특별한 계획이 없어도 기상 자체만으로 내 삶의 기적이 펼쳐질 수 있다는 말이다.

나의 강점과 가치
찾아내기

사람마다 장단점이 있고 강점이 있다. 내가 잘하고 못하는 장단점은 대부분 학창 시절부터 알게 된 익숙하고 오래된 용어라 낯설지 않다. 반면 사람마다 고유의 강점이 있다는 사실을 알게 된 것은 그리 오래되지 않았다. 2020년 8월 우연한 기회에 5주간의 강점 코칭 수업을 받으면서 나에게는 다섯 가지 강점이 있다는 사실을 알게 된 것이다.

장점과 강점은 모두 태생적으로 타고난 기질과 살아왔던 환경에 의해 자연스럽게 만들어진다. 두 가지는 의미가 비슷할 것 같지만 완전히 다르다. 사전적으로 보면 장점은 좋거나 잘하거나 긍정적인 점을 말하고, 강점은 남보다 우세하거나 더 뛰어난 점을 의미한다. 자신만의 장점이 오랜 세월을 거치며 강점으로 나타나는 것이다.

나의 강점은 화합, 배움, 성취, 지적 사고, 연결성, 이 다섯 가지다. Gallup Organization 사이트 질문 응답을 통해 받은 다섯 가지 강점이다. 갤럽 강점은 강점 심리학의 아버지이자 클리프턴 스트렝스(CliftonStrengths)의 창시자인 도널드 클리프턴(1924~2003)이 만들었다. 사람마다 34개 강점이 있는 데 이 중 가장 강한 다섯 개의 강점을 뽑아낼 수 있다.

나에게 이런 강점이 있었다는 사실을 그동안 전혀 몰랐다. 나의 강점을 인식하게 되면 강점 분야에 에너지를 집중하게 되어 성과 창출에 도움이 된다. 강점 수업을 받으며 느낀 것은 '아! 지금까지 성과를 내고 이루었던 것들은 나의 강점이 작용해서 된 것이었구나'라는 사실을 알게 됐다.

강점은 다듬어지지 않고 가공되지 않은 원석과 같다. 강점이라는 원석은 도전이라는 재료가 투입되고 담금질을 통해 쉴 새 없이 작동될 때 나만의 보석을 만들어 낼 수 있다. 인생 2막 준비는 나의 강점에 에너지를 모으고 역량을 집중하게 되면 훨씬 더 빠른 성과를 낼 수 있기 때문이다.

내가 살아왔던 삶의 중심에 화합이라는 첫 번째 강점이 있었음을 알고 놀라지 않을 수 없었다. 나는 어떤 경우든 대화를 하는 과정에서 심한 분란으로 치닫는 상황을 만들지 않는다.

대인관계에서도 갈등보다는 소통을 지향한다. 화합이라는 강점을 인식하게 된 이후 그 강점을 더 활용할 수 있게 됐다.

배움, 성취, 지적 사고, 이 세 가지 강점은 내 삶의 중심축이나 마찬가지였다. 이러한 강점이 내면에 오랫동안 자리 잡으며 내 삶을 견인해 왔다는 사실을 알게 된 것이다. 세 가지 강점의 배경에는 나의 장점인 꾸준함과 끈기, 인내심이 있다는 것을 알게 됐다. 첫 책을 출간하게 된 것도, 뭐든지 하나를 시작하면 꾸준히 이어 갈 수 있는 것도 세 가지 강점과 연결됐다고 생각하면 고개가 저절로 끄덕여진다.

지적 사고 덕분에 일상을 살아가며 객관적이고 논리적으로 문제 해결 방식을 선호한다. 지적 사고가 나의 강점이라는 사실을 알게 되면서 유머가 없을 수밖에 없는 나의 행동 패턴을 인식하게 됐다.

지적 사고 강점을 인식하게 된 이후부터는 강연이나 타인과의 대화에서 유머가 없는 상황에 전혀 낙담하지 않게 됐다. 강점을 알면 강점이 아닌 부분에 실망하거나 상심하는 일이 줄어든다. 결국 나의 존재감을 더 당당하게 드러냄으로써 자존감도 올라간다.

마지막으로 내가 가진 연결성은 서로 결이 잘 맞는 비슷한 사람들을 잘 연결해 주는 강점이다. 내성적인 성격이라 사교성이 약하다. 반면 좋은 사람을 만나면 이 사람을 누구에게 연결해 주면 좋을지 나도 모르게 생각하는 버릇이 있다. 책 출간 후 강연과 배움을 통해 많은 사람을 알게 됐고, 그 사람들을 내가 알고 있는 다른 사람들에게 많이 소개해 드렸다. 내성적인 성격이지만 연결성이 나의 강점이라는 사실을 알고부터, 이는 내 삶에 새로운 기회와 에너지원이 되고 있다.

이처럼 나의 강점을 알게 되면 인생 2막 준비에 더 집중해 매진할 수 있다. 내가 일상생활을 하며 부족한 점이 있다면 그것은 나의 약점이 원인이 되어 벌어진 일임을 알아차릴 수 있다. 그로 인해 주눅이 들거나 상처를 받지 않게 되어 자존감이 올라가는 효과도 있다. 강점을 잘 인식해 일상생활을 할 때 제대로 적용한다면 인생 2막 준비에 최고의 무기를 장착하고 나아가는 것과 같다.

온라인을 통해 인연이 된 분들을 보면 배움의 강점을 가진 분들을 많이 만나게 된다. 나의 강점과 가장 반대되는 강점은 전략, 최상화, 사교성, 수집 강점을 가진 분들이다. 최상화, 전략 강점을 가진 분들은 공통적으로 사업 성향을 가진 경우가 많았다. 최상화 강점은 무언가에 도전하면 대충하는 사람이 아니라 최상화가 나타날 때까지 지속하는 사람들이다. 최상화 강점이 있는 사람은 전략 강점을 겸비한 경우도 많지만 규칙적이고 꾸준히 하는 힘이 약한 경우가 많았다. 최상화 강점을 가진 사람은 단기간 성과에는 강하지만 장기적으로 꾸준히 지속하는 데는 어렵기 때문이다.

조직에서 최상화 강점을 가진 두 사람이 만나면 어떤 상황이 벌어질까? 최상화 강점만으로 본다면 조직에서는 언젠가는 갈등과 충돌이 일어날 가능성이 높다. 만약 이들이 서로가 최상화 강점이 있다는 사실을 알게 된다면 갈등이나 충돌이 일어나는 것을 방지할 수 있다. 상대방의 강점을 알고 대응하기 때문에 그만큼 오해할 일도 줄어든다.

그동안 인생 2막 준비를 해 오면서 나의 강점을 잊은 적은 없다. 강점을 활용하면 내 삶을 더 좋은 성과로 이끈다는 사실을 알게 된 것이다. 여러분은 어떤 강점을 가지고 있는가?

자존감 - 공부 - 역경
사이클 즐기기

　자존감 - 공부 - 역경의 사이클이 인생 2막 준비에 중요한 이유는 무엇일까? 인생 2막 준비라는 무대는 끝이 보이지 않는 나만의 길을 찾아가는 원대한 여정이기 때문이다. 단순히 한두 개의 자격증을 따거나 단기간 성과를 인생 2막 준비의 완결판으로 보지는 않는다. 인생 2막 준비는 일정 기간 도전해서 끝나거나 단기간 성과로 마무리되는 성질이 전혀 아니기 때문이다. 이런 과정에 자존감, 공부, 역경이라는 재료가 반드시 들어간다.

　책 출간 후 지난 5년간 인생 2막 준비 과정은 자존감 - 공부 - 역경의 사이클이 반복됐다. 한 번도 해 보지 않았던 독서 모임 운영이나 각종 챌린지 과정을 개설할 때는 수강 인원이 적어 고민을 한 적도 많았다. 이럴 때 나 자신에게 당당할 수 있었던 것은 높은 자존감 덕분이었다. 자존감이 높지 않았다면 지속할 수 있는 동력을 잃었을지도 모른다. 강연을 할 때도 자존감이 중요한 요소였던 것은 마찬가지였다. 처음부터 쉽게 강연이 되는 법은 하나도 없었다. 공부하고 도전하는 것 자체가 실패와 고통이 동반되는 역경의 과정이다.

첫 책 출간 후 '인생 2막 준비' 카카오 오픈채팅방을 개설했고 회원 모집을 위해 홍보를 이어갔다. 온라인 줌 미팅 프로그램을 통한 강연 과정 개설은 회원 모집에 큰 역할을 했다. 〈브랜딩 포유〉 장이지 대표님의 도움으로 퍼스널 습관 전문가라는 브랜드를 제안받아 퍼스널 습관 만들기 과정을 운영하기도 했다. 이러한 것들을 추진하는 과정에서도 자존감 - 공부 - 역경의 사이클이 쉴 새 없이 작동됐음을 알게 된 것이다.

자존감이 높아지면서 새로운 도전을 할 때마다 헤쳐 나갈 수 있다는 긍정의 에너지를 불어넣었다. 어떤 경우에는 아주 두렵고 힘들었던 경우도 있었고 도전하는 것을 잠시 멈추는 경우도 있었지만 완전히 포기하는 경우는 없었다. 나를 당당하게 만드는 높은 자존감이 마음의 중심에 있었기 때문이다.

자존감이 낮은 사람일수록 도전하기보다는 현실에 안주하려는 경향이 강하다. 뭔가 새롭게 도전하거나 다시 시작할 수 있는 에너지를 얻어 내기보다는 현재 삶에 안주하게 된다. 변화를 피하거나 두려워해 과거 지향적인 삶에 머무르게 된다. 자존감이 낮으면 당당하기보다 남의 눈치를 보며 소심해진다. 그러다 보니 인생 2막 준비를 꾸준히 추진할 동력을 유지하기도 어렵다.

"아 너무 힘들어, 어차피 해 봤자 안 돼."

이런 말을 자주 한다면 대게는 낮은 자존감과 관련이 높다. 평소 타인과 비교하는 마음은 자신에게 부정적인 신호를 끊임없이 주입하게 되어 부정적인 생각이 삶 속에 스며들게 된다.

자존감이 높은 사람들은 어떻게 이야기할까? '너무 힘들어'라는 말이 아니라, '나는 성장하고 있구나'라고 말한다. '어차피 해 봤자 안 돼'가 아니라 '일단 한번 해 보자'고 말한다. 인생 2막 준비에 있어 반드시 거쳐야 할 질문은 나의 자존감 점수다. 스스로 나의 자존감이 어떤지 질문을 던져보자. 만약 낮다고 생각하면 치유 과정을 거쳐 자존감을 올려야 한다.

그동안 시련과 고비가 있을 때마다 자존감은 나를 당당하게 지켜주는 에너지원이 됐다. 만약 자존감이 낮았다면 타인의 눈치를 보며 소심해져서 앞으로 나갈 수 있는 동력을 상실했을 것이다.

자존감은 자기 존중과 자기 확신이다. 자존감이 높을수록 인생의 역경을 견뎌 내는 힘은 강해진다. 회복탄력성이 높아지며 절망감이나 패배감에 저항하는 힘도 강해지기 때문이다.

자존감은 한 인간의 삶을 온전하게 지탱해 주는 기둥이다. 살다 보면 그 기둥이 타인과의 관계나 환경에 의해 부서지거나, 심하면 파괴될 수도 있다.

결국 낮은 자존감이 온전히 치유되지 않고는 인생 2막을 준비하는 과정에서 반드시 오게되는 역경을 견뎌 낼 동력은 나오지 않는다는 이야기다.

자존감이 높아지면 공부하고 도전하는 과정에서 경험하는 수많은 역경을 만나게 되더라도 이를 견뎌내며 앞으로 나아가는 힘이 생긴다. 자존감이 낮으면 타인의 눈치는 물론 나 자신도 당당하지 못하기 때문에 도전하는 과정에서 역경의 파도가 쓰나미처럼 덮치면 속절없이 무너지게 된다. 공부와 역경은 함께 붙어 다닌다고 인식할 필요가 있다. 공부하게 되면 반드시 따라오게 되는 것이 역경이기 때문이다.

공부가 이론적인 정보를 얻는 것이라면, 얻은 정보를 직접 실행하며 익히는 학습과 실전 행동에는 실패와 역경을 견뎌내는 힘이 필요하다.

자기 계발을 예로 들어 보면 확실히 이해할 수 있다. 시중에 판매되는 자기계발서를 많이 읽거나 자기 계발 강연을 많이 듣는다고 자기 계발이 될까? 이런 것들은 모두 하나의 정보와 방법을 취득하는 이론적인 공부 단계에 불과하다. 공부한 것을 내 것으로 만들기 위해서는 실전 행동에 더 많은 시간을 투자해야 한다. 자기 계발을 실전 행동으로 옮기는 과정에는 수많은 실패와 역경이 도사리고 있다. 〈최재천의 공부법〉에서 작가는 자기계발서를 많이 읽거나 강연을 많이 듣지 말라고 경고했다. 이 말도 결국 자기계발서나 강연은 이론과 안내서에 불과하다는 것을 의미한다.

2022년, 내 나이 50대 중반으로 넘어가는 시점에 깨달은 사실은 자존감 - 공부 - 역경의 사이클을 즐긴다면 지금 시작해도 성공하는 인생을 살 수 있다는 확신이 들었다는 점이다. 인생은 좋은 스펙과 학부로 결정되는 것이 절대 아니었다. 지방의 무명 대학에서 속칭 들러리 학부를 졸업하고 9급 공무원으로 시작하여 4급 서기관까지 달았다. 지금 상태로 본다면 자존감 - 공부 - 역경, 이 세 가지 분야의 점수가 10점 만점에 몇 점이 될까? 아마 9점은 될 것 같았다. 그동안 꾸준히 노력해 온 결과다. 자존감 - 공부 - 역경 사이클을 이해한다면 공부하고 도전하는 과정에서 역경이 오더라도 충분히 견뎌내며 지속할 힘이 생긴다.

인생 2막 준비를 위해 뭔가에 도전하다 보면 반드시 역경이 찾아오게 마련이기 때문이다. 그 역경을 딛고 넘어가야만 새로운 세상과 조우할 수 있다.

같은 교육을 받아도, 변화하는 사람과 변하지 않는 사람, 성과를 내는 사람과 성과를 내지 못하는 사람의 차이는 역경의 벽을 뚫고 나아가느냐에 달려 있다.

성공하는 인생을 살기 위해서는 IQ(지능지수), EQ(감성지수)보다 더 중요한 것이 AQ(역경지수)다. IQ, EQ로 인생 1막에서는 성공을 거둘 수 있어도 역경을 견디는 힘이 높지 않다면 인생 2막 준비는 추진해갈 수 없음을 알아야 한다.

"나를 키운 것은 역경이었다. 그래서 견딜 수 있는 고통의 한계점이 높아질 수밖에 없었다."

'스티브 잡스' 전기를 쓴 월터 아이작슨과의 인터뷰에서 일론 머스크가 한 말이다. 그는 아버지의 학대, 왕따, 배신을 경험하며 아스퍼거 증후군에 시달렸지만 자신을 키운 건 역경이라고 말한다. 고난과 힘든 역경의 순간을 그는 견뎌 냈기 때문에 세계적인 사업가이자 위대한 혁신가가 될 수 있었다. 내가 원하는 것을 이루기 위해 역경보다 더 큰 무기가 없다는 것을 우리에게 말해 준다.

자존감이 낮아 남의 눈치를 보는 사람, 꾸준함이 없어 포기하는 사람 등 사람마다 자존감과 역경 지수는 다르다. 비록 현재 두 가지 점수가 낮다 하더라도 비관할 이유는 없다. 성공으로 가는 길에는 세 가지 사이클이 있다는 것을 믿고 그 과정을 즐긴다면 삶은 분명히 달라질 것이라 확신한다.

인생의 결과는 수많은 도전을 통해 역경을 견뎌 낸 자가 성공하게끔 되어 있다. 인생 전반기에 이룬 결과는 인생의 최종 결과물이 아니라는 사실을 알아야 한다. 곰곰이 생각해 보면 사람마다 태생적으로 세 가지의 강점을 모두 갖추고 태어나는 사람은 아무도 없다. 저자의 경우처럼 자존감이 온전하지 못한 상태로 오랫동안 삶을 살았던 사람도 있고, 평생 공부를 해야 하는 이유조차 모르며 살아왔던 사람도 많다.

자존감과 역경이라는 무기는 어느 날 갑자기 좋아지는 것이 아니다. 이 무기는 스스로 얼마나 노력하느냐에 따라 달라지기 때문이다. 영감을 주는 좋은 강연을 많이 듣거나 책을 많이 읽더라도 성장하지 못하고 있다면 나의 자존감 상태와 역경 지수가 어떤지를 살펴봐야 한다. 자존감과 역경 지수가 높아지면 어떠한 고난과 시련이 닥친다 하더라도 목표를 향해 꾸준히 나아갈 수 있기 때문이다.

3장

새로운 패러다임
만들기
(자아실현)

만나야 할 사람,
지양할 사람

"과장님, 이번 교육 너무 재미있는데요?"

평소 가깝게 알고 지내던 A 팀장에게 인생 2막 준비에 좋은 교육을 소개해 줬더니 돌아온 답변이었다. 내가 소개해 준 교육 덕분에 인생 2막 준비에 깜빡이를 켠 사람이라 기분이 좋았다. 하지만 좋은 기분도 잠시였다. A 팀장은 자신이 교육을 받고 있다는 이야기를 가깝게 지내던 B 팀장에게 전했더니 "그 나이에 그런 걸 뭐 하러 하느냐. 그 돈으로 술이나 먹자."라는 말을 들었다고 했다.

A 팀장은 인생 2막 준비에 깜빡이를 켜고, 뭔가에 첫 도전을 시작한 왕초보 단계의 사람이다. 인생 2막 준비를 시작하

는 사람으로 치자면 젖먹이 단계의 아이와 같고, 나무로 치자면 새싹도 올라오지 않은 상태와 같다. 인생 후반기, 내 인생의 방향을 설정할 수 있는 아무런 장치가 없어 이리 흔들리고 저리 흔들릴 수밖에 없다.

왕초보 단계에서 이런 말을 처음 들을 때는 일정 기간은 전혀 문제가 없다. 처음에는 누구나 의지와 열정이 콸콸 넘치는 시기이기 때문이다. 일정한 시일이 지나면 의지와 열정도 식고 고난과 고통이 오기 마련이다. '내가 왜 이런 짓을 하지?'라는 생각이 들며, 고난의 벽 앞에서 흔들릴 때가 있다. 이때 B 팀장과 같은 부류의 사람으로부터 이런 말을 듣게 되면 속절없이 무너진다. B 팀장처럼 도전과 변화를 두려워하는 사람들은 인생 2막 준비를 하면서 거리를 두는 것이 좋다.

공직 생활을 하는 분들은 다른 직업에 비해 상대적으로 도전을 덜 한다. 다른 직장과 비교하면 안정적이기 때문이다. 도전을 덜 한다는 것이 삶을 부정적으로 본다는 의미는 아니다. 도전을 덜 하게 됨으로써 살던 대로 살며 도전에 대한 부정적 사고가 삶을 지배할 수 있기 때문이다. 직장 생활을 하며 자기만의 틀 안에서 변하지 않는 사람도 경계해야 한다. 퇴직 준비 없는 안정적인 직장 생활은 퇴직 후 위기를 잉태하고 있다고 해도 과언이 아니다. 안정적인 직장 생활이 퇴직 후 안정까지 절대 보장해 주지 않는다는 사실을 깨달아야 한다.

1992년부터 30년 넘게 공직 생활을 해 오고 있다. 주변에도 변화를 싫어하는 동료 직원들을 많이 보게 된다. 오랫동안 안정적 직장에 물든 공무원에게 변화는 현실적으로 어려운 것이다. 때문에 퇴직 준비 시기가 되어도 유독 위기를 잘 느끼지 못한다. 특히 맞벌이 부부 공무원들은 외벌이보다 도전 의식이 약하다. 재정적으로 더 안정적이기 때문이다.

내가 잘 아는 A 직원도 맞벌이 공무원이라, 노후 생활은 걱정이 없어 보인다. 평소 이야기를 들어보면, 부동산 임대 수익도 쏠쏠하다. 걱정거리라고는 별로 없어 보인다. 진급도 별 신경 쓰지 않고, 퇴직까지 길게 가고자 하는 사람이다. 아무 도전도 없고, 사는 대로 살고 싶은 사람이며, 평소 관심 있는 당구나 스크린 골프 등 즐길 거리만 고민하는 사람으로밖에 보이지 않는다.

외벌이라도 재직 기간 동안 부모님으로부터 받은 재산이나 연금 이외 소득이 발생하면, 인생 2막 준비에 소홀해지기 쉽다. 연금 수익, 부동산 수익 등 안정적인 재정만으로 인생 2막 준비가 된다는 사고를 버려야 한다. 돈은 행복의 수단이지, 최종 목적이 아니기 때문이다. 맞벌이든 외벌이든, 내 삶의 목적을 찾아가는 과정이 인생 2막 준비다. 그곳에는 가치 있는 삶을 살기 위한 도전과 배움이 필요하다.

B라는 직장 상사가 있다. 이분은 퇴직 걱정은 하면서도, 뭔

가 하고자 하는 분야에 도전하는 모습은 전혀 볼 수 없었다. 그렇게 느낀 이유는 상사의 말투 때문이다. 말은 생각의 열매다. 말투에서 그 사람의 생각과 태도가 고스란히 드러난다. 평소 어떤 삶을 살았고, 앞으로 어떻게 살아갈지를 그 사람의 말을 통해 가늠할 수 있다. 고위직은 퇴직 준비를 하지 않아도, 몇 년 동안 현재 직위를 이용해 사기업이나 공기업 등에서 근무하는 경우가 있다. 내가 근무하는 직장에도, 퇴직 후 적게는 2년, 많게는 6년을 근무하는 분을 보게 된다. 문제는 퇴직 후 사기업이나 공기업에서 완전히 은퇴한 이후다. 안정적인 연금과 불려놓은 재산이 노후 생활의 육체적 또는 정신적 안정까지 보장해 주지는 못한다. 실제 고위 공직자, 은행 지점장 등으로 있었던 분들이 학교 지킴이로 근무를 하거나, 택시 기사를 하는 사례는 흔한 일이 됐다.

인생 2막을 준비하며 거리를 두어야 할 또 다른 사람은, 부정적 경향이 강하고 공부하지 않는 사람이다. 매사에 어떤 대상을 부정적으로 보는 사람이나 사사건건 따지기를 좋아하는 사람이 가까이 있다면 어떨까? 이런 사람은 인생 2막 준비 시점뿐만 아니라 인생 전체에서 만나지 말아야 할 사람이다.

예를 들어, 영어 회화를 해 보자고 이야기하면, "지금 이 나이에 무슨 영어를 시작해? 외국 여행할 때 실시간 번역 앱 돌리면 다 통하는데."라며 배움에 부정적 반응을 보이는 사람이 있다. 변화와 배움을 회피하는 사람의 대표적인 유형이다. 인생 2막을 준비하며 새로운 도전에 부정적인 사람과 자주 교류하게 되면 추진 동력이 떨어진다. 자신도 모르게 부정적 에너지가 스며들기 때문이다.

인생 2막 준비는 지금까지 한 번도 가보지 않은 길을 가는 것이다. 낯설고 두려울 수밖에 없다. 단기간에 성과가 나는 것도 아니고, 언제까지 해야 할지도 모르는 상황이 지속될 수 있기 때문이다. 이런 상황에서는 뭔가 배우고 도전하는 사람들을 많이 만나야 한다. 무언가에 도전하다 보면, 배움에 대한 열정이 가득한 사람들을 만날 기회가 많이 생긴다. 이런 사람과의 만남을 통해, 부정적 생각보다는 긍정의 불꽃을 살려내야 한다. 당연히 주변에 부정적 에너지를 발산하는 사람과는 거리를 둘 필요가 있다.

사람은 근본적으로 환경의 영향을 받는 존재다. 평안하고 안온한 둥지를 박차고 나올 수 있는 용기는, 평온한 상태에서는 매우 어려운 일이다. 이 시점에서 변화할 수 있는 유일한 길은, 나를 둘러싼 환경 속에서 만나는 사람을 잘 가려서 만나는 것이다.

우리 주변에는, 인생 2막 준비 시기가 되었음에도 도전과 변화에 둔감한 사람들이 너무나 많이 있다. 변하겠다는 생각만 하고 도전하지 않는 사람이나, 변하는 것조차 생각하지 않은 사람 모두가, 인생 2막 준비에 둔감한 사람들이다. 공무원뿐만 아니라 대기업, 공사, 공단 등 어떤 직장이든지 이런 부류의 사람들은 있기 마련이다. 걱정만 하면서도 만나는 사람을 바꾸지 않는다면, 생각이 행동으로 옮겨질 가능성은 거의 없다. 하고 싶은 마음이 있어도 시간을 쓰는 방식이 바뀌지 않기 때문이다. 결국 대부분의 시간을 취미와 여가로 보내며 변화의 기회를 스스로 흘려보낸다. 이런 사람 옆에는 도전에 부정적이고, 공부하지 않는 사람들이 있거나 변화에 둔감한 사람들이 있다. 결국 이런 부류의 사람들은 도전과 배움에 대해 긍정보다는 부정적 생각이 마음에 벽처럼 존재해, 온갖 생각만으로 만리장성을 쌓다가 퇴직을 맞이하게 된다. 퇴직까지 2년 남았다면, 남은 시간은 쏜살같이 지나간다는 사실을 자각해야 한다.

인생 2막 준비의 길은 어렵고 힘든 과정이다. 어떤 결과도 단기간에 나타나지 않기 때문이다. 인생 2막 준비의 길은 함께 하는 사람과 격려하며 힘을 합해 가도 모자랄 판에, 힘을 빼는 사람이 옆에 있다면 어떻게 될까? 이런 분들을 가까이하면 자신도 모르게 추진 동력이 떨어진다. 인간 본성은 불편한 길 보다 안정적인 길로 가고자 하는 속성이 있기 때문이다.

새로운 브랜드가
내 본질이 된다

"존재는 본질에 앞선다."

실존주의 철학자 '장폴 사르트르'가 남긴 이 말은 학창 시절 누구나 한두 번쯤은 들어 봤을 것이다. 50년을 넘게 살아오면서 이 문장이 의미하는 바를 알고는 있었으나, 삶에 적용하지는 못했다. 철학적 의미의 문장 하나를 알고 있는 것과, 그 문장을 삶의 원동력으로 삼아 살아내는 것은 전혀 다른 문제다. 최근 어느 책을 읽다가, 이 문장이 인생 2막 준비에 있어 큰 원동력이 된다는 사실을 알게 됐다.

사람에게 존재 자체가 살아 있다는 생명을 의미한다면, 본질은 계발 여하에 따라 여러 가지 형태로 나타날 수 있음을 의미한다. 존재가 1번이고, 본질이 2번이 된다. 본질은 내 안에 숨겨진, 절대 변하지 않는 그 무엇을 의미한다. 본질을 모른다면, 내 안에 숨겨진 그 무엇을 찾아내지 못하고 있을 뿐이다.

그렇다면 본질은 무엇일까? 박웅현 작가는 〈여덟 단어〉라는 책에서 본질을 콘텐츠라 했다. '사람을 어떻게 움직이는가'에 대한 메커니즘이 콘텐츠이자 본질이라는 것이다. 싸이의 '강남스타일'이 전 세계적으로 성공한 이유는 그가 꾸준히 해왔던 메커니즘 때문이었다고 했다. 싸이는 흥이 많은 본질을 꾸준히 개발했기 때문에 성공할 수 있었던 것이다. 그 본질이 살아 있는 콘텐츠가 됐고, 지금의 싸이를 있게 한 것이다. 내 안에 잠재된 본질을 계발하여 세상에 본질을 드러내게 하는 것이 인생 2막 준비다.

인생 2막 준비를 하기 전, 내 본질은 '이목원' 이름 석 자밖에 없었다. 이름은 태어나면서 부모님이나 친척 등 누군가로부터 붙여진 내 본질의 출발점이었다. 이름은 개명을 통해 쉽게 바뀔 수 있는 시대가 됐지만, 여전히 평생 자신의 본질을 대변한다. 인생 2막 준비를 하게 되면 새로운 본질들이 생기기 시작한다.

책을 출간했더니, 나의 이름 뒤에 '작가'라는 호칭이 새로 생겼다. 타인으로부터 '작가'라는 호칭을 처음 들었을 때는, 아주 낯설고 불편했다. 시간이 지날수록 '작가'라는 호칭은 당연한 것으로 받아들이게 됐다. 내 존재의 의미를 찾기 위해 나섰더니, '이목원 작가'가 내 본질로 자리 잡게 된 것이다.

내 본질은 노력 여하에 따라, 여러 가지 형태로 나타나게 된다. 내 존재의 의미를 찾아내기 위해 새로운 본질을 만들어나가야 한다.

코치는 나의 또 다른 본질이 되어가고 있다. 한국코치협회에서 인정하는 KAC, KPC 코치 자격증을 따고, 꾸준히 활동한 덕분이다. 비록 '작가'라는 이름에 비해 많이 알려지지는 않았지만, 코치는 나를 드러내는 또 다른 본질 중 하나다.

인생 2막 준비는 자기 노력 여하에 따라 작가, 코치, 화가, 사진작가, 여행 전문가 등 여러 호칭을 만들어낸다. 문제는 이해 당사자만 아는 호칭인지 누구에게나 당연하게 인정받는 호칭인지의 차이만 남게 된다. 자기 계발을 통해 나만의 브랜드를 만들어가야 한다. 내 안에 숨겨진 능력을 계발하지 않는다면 내 본질이 세상 밖으로 나올 수 없다.

나에게 붙여진 '작가', '코치'라는 호칭이 더 많은 사람에게 알려지기 위해서는 끊임없는 노력이 필요하다. 만약 이러한 노력을 게을리한다면 찻잔 속의 태풍처럼 내 본질은 사라지게 된다.

책 출간 후 브랜딩포유 대표이자 EBS 강사로 활동하는 장이지 대표님의 강연을 들으며 '동기부여 습관 전문가'라는 브랜딩을 받은 적이 있었다. 이 과정을 통해 4주차 습관 전문 프로그램을 PPT로 만들었다. 최종 브랜딩 이름은 '퍼스널 습관 전문가'로 정했다. 나의 전문성을 대외적으로 알리기 위해, 습관 전문 과정이 무엇인지 홍보 영상을 촬영하고 유튜브, 페이스북, 블로그 등 여러 곳에 홍보했다.

퍼스널 습관 만들기 과정 1기에서 4기, 블로그 글쓰기 과정 1기에서 7기까지 운영했을 때의 일이 생각났다. 인생 2막 준비를 하는 과정에서 보면 하나의 작은 성과물이지만, 내 인생에서 한 번도 해보지 않았던 일이다. 1기 과정을 시작할 때가 가장 힘들었다. 첫 생각을 행동으로 옮기는 것에서부터, 미리캔버스 프로그램으로 강연 홍보 포스터를 직접 만들고 수강생을 모으는 일까지 수많은 시행착오가 있었다. 1기 과정을 진행하면서 자존감 - 공부 - 역경의 사이클이 작동했음을 느낄 수 있었다. 자존감은 있는 그대로 나를 사랑하는 마음이다. 현재 상황을 있는 그대로 인식하고 받아들이려 노력했다. 강연 모집에서부터 강연 자료를 만들고, 온라인 강연 프로그램을 익히는 등 새로운 것을 배우고 공부해야 했다.

1기 과정이 끝나가는 시기가 되면, 2기 모집에 대한 고민이 깊어졌다. 어떤 기수에서는 10명 모집에 1명이 등록하기도 했다. 이때는 먼저 수료한 앞 기수에서 잘 아는 사람을 재수강하도록 해서 2~3명으로 진행하기도 했다. 이러한 노력을 통해 블로그 글쓰기 과정을 1기부터 7기까지 운영했다.

책을 출간했기 때문에 '작가'라는 호칭은 독자들로부터 자연스럽게 불려졌다. '코치', '퍼스널 습관 전문가'라는 브랜드는 아직 갈 길이 멀다. 인생 2막 준비를 하며, 누구에게나 새롭게 인식될 수 있는 호칭을 만든다면, 새로운 호칭은 그 사람의 새로운 본질이 되는 것이다.

나의 본질을 새롭게 만든다는 것은, 타인이 나를 새롭게 인식할 수 있는 도구가 되는 것이다. 무슨 일에 도전하든 무한한 반복과 깊은 정진이 없다면, 세상 누구 앞에서도 당당히 내세울 수 있는 본질은 만들어지지 않는다.

강연 울렁증에서
강연가 되기

"남 앞에서 떨리지 않고 발표를 잘하거나 강연을 잘할 수 있는 방법이 있다면 무엇이 있을까?"

평소 이런 질문에 대해 전혀 고민이 없었다면 문제가 없겠지만, 무대 공포나 발표 불안 등에 직면해 있는 사람이라면 인생에서 해결해야 할 숙제처럼 느껴진다. 내가 그랬다.

직장 생활을 하며 발표를 잘하거나 강연을 잘하는 사람을 보면 그렇게 부러울 수가 없었다. 2~3명이 모여 이야기할 때는 아무 문제가 없다가도 연단에 올라가기만 하면 심장 박동이 급해지며 통제할 수 없을 정도로 가슴이 뛰었다. 나에게는 전형적인 강연 공포증과 무대 울렁증이 있었다. 교육이나 세미나,

연수 등 낮선 사람이 모이는 곳에서 자기소개를 하는 시간이 가장 불편하고 힘들었다. 특히 이름과 간단한 자기 소개를 하는 것조차 두렵고 공포감까지 들었다.

강연 공포증과 무대 울렁증이란 강연장이나 무대에서 청중을 상대로 강연이나 공연할 때 두려움, 떨림 등으로 말이나 행동이 제대로 나오지 않는 심리적 상태를 의미한다. '강연과 공연을 잘 못하면 어떡하지. 잘해야 할텐데...'라고 생각하며 긴장감이 온몸에 퍼져 몸이 굳어지고 목소리가 떨리거나 말이 제대로 나오지 않는 상태를 말한다.

강연 공포, 발표 불안, 무대 울렁증. 평소 이 세 단어는 내 생각과 행동을 지배했다고 해도 과언이 아니다. 학창 시절부터 자기소개나 발표가 있기라도 하면 심리적으로 안정되지 못했다. 그 전날에는 잠을 잘 수 없을 정도로 걱정과 불안에 시달렸다. 이런 정신적 불안 상황에서 아무리 준비를 잘해도 생각대로 되지 않았다. 결국 마음에 들지 않는 발표 경험이 축적되어 걷잡을 수 없는 발표 불안의 늪으로 빠져들었다. 발표나 강연 등에서 좋은 경험은 쌓일 리 없었고, 탈출구는 전혀 보이지 않았다.

2012년 2월, Eric Clapton의 'Tears in Heaven' 솔로 연주를 무대에서 한 적이 있었다. 큰 아이와 1년 이상 개인 음악학원에서 기타를 배웠다. 무대에서 아버지가 멋있게 연주하는 모습을 보여 주며 큰아이에게 힘과 용기를 주기 위해 참가하게 된 것이다. 솔로 연주는 기타 줄을 스윙으로 치는 것이 아니라 한 줄 한 줄 손가락으로 기타 줄을 튕겨 소리를 내는 어쿠스틱 연주였다. 공연은 크게 1부와 2부로 나누어 진행되었는데, 내 순서는 1부 13번째로 잡혀 있었다. 100명이 넘는 사람이 모여 있는 무대 앞에 선다는 것 자체가 떨림으로 다가왔다. 조명이 무대 위 솔로 연주자만 환하게 비출 때 긴장은 더욱 커졌다. 긴장을 멈추기 위해 수없이 호흡을 했지만 마음대로 되지 않았다. 전반 부분은 잘 진행됐는데, 후반 부분에서 손가락에 마비가 오면서 결국 연주를 중단하게 됐다. 내 인생 최악의 무대 공포 경험이었다. 지금도 그 생각을 하면 당시의 창피함과 두려움이 온몸에 고스란히 되살아난다. 그 당시 큰아이와 함께했는데, 내 존재감은 말이 아니었다.

무대 공포증과 강연 울렁증을 없애는 것은 내 인생의 가장 중요한 숙제가 됐다. 2018년 6월, 00대학 평생교육원에서 '나를 바꾸는 스피치와 리더십' 과정을 들었다. 남들 앞에서 떨리지 않고 강연하거나 무대 공포증을 없애기 위한 일종의 몸부림이었다. 과정 수강 후 잠시는 효과가 있었던 것 같았지만, 근본적인 해결이 되지는 못했다. 내 잠재의식에 뿌리박혀 있는 강연 울렁증과 발표 불안, 무대 공포가 무의식 속에 자리 잡고 있었기 때문이다. 단 한 번이라도 성공했던 경험이 없었기 때문에 심리적 공포감에서 벗어날 수 없었다.

"지방의 한 공무원이 있었어요. 이분은 발표 불안이 심했던 분이었습니다."

송수용 작가님께서 DID 강연 코칭과 치유 과정 공개 강연에서 나의 사례를 이야기하시곤 한다. 정확히 맞는 이야기다. 발표 불안이 심했던 내가 DID 강연 코칭과 치유 과정을 통해 상처받았던 자존감을 치유하는 계기가 됐다.

그동안 삶 속에서 나도 모르게 상처받았던 자존감이 깊게 자리 잡고 있었다는 것을 알게 된 것이다. 스피치 학원에 다닌다고 남 앞에서 떨리지 않고 말을 잘할 수 있는 것은 아니었다. 내 안에 상처받아 있던 자존감의 치유가 우선이었다. 남을 의식하지 않고 당당하게 자신을 드러내는 것이 강연 울렁증과 발표 불안, 무대 공포증에서 벗어나는 첫 번째 길임을 깨닫게 된 것이다.

그다음으로 큰 효과를 발휘한 것은 낭독과 글쓰기였다. 낭독은 큰소리로 또박또박 말을 하며 발음에서 느껴지는 어색한 부분을 없앨 수 있었다. 누구든지 처음 자신의 녹음된 목소리를 듣게 되면 낯설고 어색하다. 꾸준히 낭독하다 보면 어색한 부분이 없어지게 된다.

2018년 DID 강연 코칭과 치유 과정을 계기로 〈내 인생에 용기가 되어준 한마디〉라는 책 한 권을 27번째 낭독 중이다. 관련 내용으로 글쓰기를 한 것은 100여개가 된다. 책 한 권이 손때가 묻어 너덜너덜해지고 닳았지만, 마음은 풍성해진다. 책속에 용기가 되어준 삶의 메시지를 글쓰기를 통해 자존감 치유의 도구로 활용한 것이다. 글을 쓰게 되면 상처받은 내면의 상처를 어루만져 주는 효과가 아주 크다. 2023년 가을, 20번째 낭독을 할 무렵이었다. 대구시청에 강연을 왔던 정호승 시인과 강연 후 직접 만나 차 한 잔을 했다. 20번째 낭독 기념으로 작은 선물을 드렸고, 대화를 나누며 큰 힘을 얻기도 했다.

낭독과 글쓰기 등으로 자존감이 치유되기 시작하면 강연 울렁증이나 발표 불안으로 실수나 실패를 하더라도 스스로에게 긍정의 신호를 보낼 수 있다. 자존감 치유 전에는 쥐구멍에 들어가고 싶을 정도로 부끄럽고 불안한 마음이 들게 마련이다. 하지만 자존감이 치유되고 나면 '나도 잘 할 수 있는 날이 올 거야'라는 생각으로 마음가짐을 바꿀 수 있다.

〈언니 걷기부터 해요〉의 장은주 작가님도 강연 울렁증이 있었던 분이다. 이분이 강연울렁증에서 벗어날 수 있었던 것은 수많은 연습을 통해 자신을 당당히 드러낼 수 있었던 자존감이 있었기 때문이라 생각한다. 자존감이 치유되고 점차 높아지기 시작하면 강연하는 과정에서 실패와 실수를 하더라도 당당해질 수 있다. 책 출간 후 수많은 경험을 통해 공공기관 강연, 모 지방 언론사 강연 등 지금까지 여러 분야의 강연을 소화해 냈다. 30년 이상 직장 생활을 하며 강연 울렁증 때문에 강연을 제대로 하지 못했는데, 그 벽을 깰 수 있었다.

책 1권 읽지 않았던 사람이
책 1권 내기

2025년 10월, 영화배우 박중훈이 〈후회 하지마〉라는 책을 출간하며 작가로 변신했다. 지난 40년간 영화배우로 수많은 작품에 출연하며 살아온 배우 인생과 인간 박중훈의 삶을 돌아보는 에세이였다. 에세이는 일정한 형식을 따르지 않고 인생이나 자연, 또는 일상생활에서의 느낌과 체험을 생각나는 대로 쓴 산문 형식의 글이다. 에세이는 따지고 보면 누구나 쓸 수 있다. 에세이와 시를 비롯해 전자책은 물론 단독 저서와 공저까지, 우리 주변에서도 다양한 형태로 책을 출간하는 사람들을 볼 수 있다. 시대가 변하여 1인 1책 시대가 되었지만, 유튜브를 가까이하고 책을 잘 읽지 않는 시대이기도 하다.

책을 출간하는 이유는 사람마다 다양하다. 분명한 것은 책 출간이 성장의 디딤돌이 되어야 한다는 사실이다. 2021년 〈쫓기지 않는 50대를 사는 법〉 책을 출간한 이전과 이후의 삶은 완전히 바뀌었다. 강연, TV 출연, 독서 모임 운영 등 책 출간 이후 이룩한 성과는 무궁무진하다. 책을 출간하지 않았다면 절대로 불가능했던 일들이다.

책 출간 때부터 지금까지 주변에는 공저나 전자책 등으로 많은 분이 책을 출간했지만 성장하지 못하고 머물러 있는 사람을 너무 많이 봤다. 이런 사람들에게 책 출간은 시간이 지나고 나면 책을 냈다는 하나의 흔적 외에는 남는 것이 아무것도 없다.

책을 읽지 않는 시대이면서 동시에 책이 넘쳐나는 시대다. 그래서 내가 독서하는 이유와 책 출간의 명확한 이유를 분명히 해야 한다. 책을 읽기로 마음먹었다면 읽어가며 그 이유를 점점 분명히 알게 된다. 책을 읽는 이유 역시 읽다 보면 스스로 답을 찾아낼 수 있기 때문이다.

"인생 2막 준비의 모든 해답은 책에 있다."

나는 이 말에 전부를 걸고 싶다. 2010년 이전에는 1년에 책 1권도 읽지 않았을 정도로 책과 거리가 먼 사람이었다. 책을 읽기 시작하면서 책을 출간했고, 지금과 같은 성장에 이르렀기 때문이다. 그렇다면 책 출간은 어떤 의미일까? 책에서 읽었던 방대한 해답을 나만의 생각으로 정리 정돈하는 능력이 생기면 비로소 책 출간으로 이어지는 길이 열리게 된다.

책을 읽게 되면 책에서 읽었던 정보와 내 생각이 마치 수많은 조각구름이 되어 머릿속을 떠다니게 된다. 이 조각구름들을 문맥에 맞게 잘 배열하는 것이 글쓰기다.

책을 읽지 않아도 책을 쓸 수는 있지만, 책을 읽어야 제대로 된 책을 쓸 수 있다. 독서량이 문제가 되는 것이 아니라, 독서를 한 후 얼마나 내 생각의 조각구름들을 잘 배열해 낼 수 있는 글쓰기가 되는지가 더 중요하다. 그동안 많은 책을 읽었는데도 책을 출간하지 못한다면, 그 중심에 내 생각을 녹여 내는 글쓰기 연습이 충분하지 못했기 때문이다. 독서와 글쓰기는 한 몸이다. 독서를 하지 않으면 내 생각과 정보는 한계에 다다를 수밖에 없다.

사실 독서 습관을 만드는 것도 어렵지만, 글쓰기 습관은 더 어렵다. 2010년부터 독서를 시작했지만 2016년까지 6년 동안 독서 습관을 만들지 못하고 방황하는 기간이었다. 독서를 규칙적으로 하지도 못했다. 독서를 하며 메모도 간간이 했지만 규칙적이지는 못했다. 6년의 기간은 독서 습관과 글쓰기 습관이라는 두 개의 허들을 넘어가기 위한 축적의 시간이었다. 2017년 독서 모임에 참여하면서 독서와 글쓰기를 본격적으로 하게 되었고, 습관을 만들 수 있는 계기가 됐다.

독서 습관이 어려운 만큼 글쓰기 습관도 매우 어렵다. 국어사전에 보면 글쓰기는 생각이나 사실 따위를 글로 써서 표현하는 일이라고 되어 있다. 글쓰기의 핵심은 내 생각이다. 생각 없이 사실관계만 나열하는 글은 영혼이 없다. 대표적인 것이 언론 보도다. 언론 보도에 명시된 내용은 사실관계를 적은 것이지, 개인의 생각을 적는 것은 아니다.

책에는 작가의 생각과 견해가 들어가 있다. 책을 읽고 독자의 마음이 움직이는 이유는 작가의 생각과 견해가 글 속에 녹아 있기 때문이다.

잘 알고 지내던 한 지방 신문 기자가 〈쫓기지 않는 50대를 사는 법〉을 읽고 감명을 받았다며 글쓰기에 관심을 보인 적이 있었다. 그때 내가 그분에게 건넨 첫 번째 조언은 글쓰기 연습이었다. 오랫동안 사실관계에만 집중해서 신문 보도를 위한 글을 적어왔기 때문에 생각을 글로 표현하는 힘이 부족했다. 정호승 시인께서도 오랫동안 저널리스트로 활동해 오면서 글쓰는 힘이 부족했던 적이 있다고 고백한 적이 있었다.

글쓰기는 머리로 생각만 하는 것이 아니라, 그 생각을 글로 풀어내는 작업이다. 독서 후 머릿속에 떠돌아다니는 사유의 구름을 논리적으로 정리·정돈하고 객관화하는 것이 글쓰기다. 글쓰기 연습을 꾸준히 하지 않으면 책에서 읽었던 감동적인 부분조차도 요약하기 어렵다. 글쓰기는 책 내용을 요약하고 내 생각을 적는 것이다. 독서 후 글쓰기를 하지 않으면 생각의 잔상들은 시간이 지남에 따라 서서히 사라진다.

2025년 상반기 사내 독서 모임에서 〈어른의 행복은 조용하다〉, 〈마인드셋〉을 읽고 두 차례에 걸쳐 최우수 리뷰로 연속 선정된 적이 있었다. 총평에는 핵심 내용을 잘 뽑아냈다고 하며, 특히 자신의 의견을 풍부하게 표현하고 논리적으로 전개한 데서 뛰어난 능력을 보여주었다고 했다. 2020년 9월부터 매일 블로그 글쓰기를 해 온 결과라는데 한 치의 의심도 없다.

글쓰기 단계도 젖먹이 단계부터 시작한다. 젖 먹는 수준의 글쓰기를 하는 사람이 밥 먹는 수준의 글을 쓰기까지는 시간과 노력, 고통, 실패, 작은 성과들이 어우러져 나타난다. 글 쓰는 방법과 지식이 풍부해도 꾸준히 쓰지 않으면 젖먹이 단계를 벗어날 수 없다.

젖먹이 단계 글쓰기에서 밥을 먹을 단계의 글쓰기로 가는 유일한 길은 규칙적인 글쓰기 연습밖에 없다. 글쓰기는 엉덩이가 무거운 사람이 잘 쓰는 법이다. 과거에도 지금도 이 말에 신념을 두고 매일 블로그 글쓰기를 하고 있다. 많이 읽고 꾸준히 글을 쓰는 사람은 글쓰기 근력이 생길 수밖에 없다.

공부의 최고 방법은 독서와 글쓰기다. 나는 이 말을 100% 신뢰한다. 독서와 글쓰기로 패러다임을 바꾸기 위해서는 낙타가 바늘구멍에 들어갈 만큼, 스스로를 고통의 터널로 몰아넣어야 한다. 2017년 본격적으로 독서를 시작한 이후 이 길을 걸어왔다. 독서와 글쓰기의 효과를 깊이 신뢰하기 때문에 어떤 어려움과 고통이 와도 그 길을 묵묵히 걸어가고 있다.

책을 아무리 읽어도 책을 출간하지 못하는 사람이 있다. 그 이유는 책 내용을 제대로 체화하지 못했기 때문이다. 체화하는 데 가장 좋은 방법은 글쓰기다. 메모와 글쓰기가 모여 책이 된다. 책이 되기 전에 내 몸이 책 내용을 기억하도록 만드는 것이 바로 글쓰기다.

독서를 시작한 이후 책이 출간되기까지의 과정을 통해 한 가지 사실을 깨달았다. 책이 출간되기까지는 세 단계의 흐름이 있다는 것이다. 그 흐름은 준비 단계, 시작 단계, 책 쓰기 단계다.

준비 단계는 책을 읽기로 결심한 단계라 할 수 있다. 독서는 책 쓰기의 가장 기본이 된다. 독서를 하지 않고 책을 쓴다는 것은 소총을 가지지 않고 전쟁터에 나가는 것과 같은 이치다. 독서를 하겠다는 생각만 있다면 누구나 할 수 있는 것이 준비 단계다. 나는 독서와는 거리가 먼 사람이었다. 독서는 나와 절대 맞지 않는다는 고정관념을 깨지 못하는 사람은 책 쓰기가 불가능하다. 책을 읽기로 작정한 사람은 두 번째 단계인 시작 단계로 자연스럽게 넘어갈 수 있다.

시작 단계는 독서와 글쓰기를 어느 정도 습관으로 만드는 단계를 말한다. 책 쓰기 과정에서 넘어야 할 가장 힘든 허들 중 하나다. 한 번도 해 본 경험이 없어 도저히 넘을 수 없는 벽으로 보이기도 한다. 벽을 문으로 만드는 데 필요한 것 두 가지가 있다. 인생 2막 준비의 핵심 키워드인 역경과 패러다임이라는 요소를 투입해야 한다. 역경은 독서와 글쓰기 과정에서 반드시 동반되는 친구다. 패러다임은 독서와 글쓰기를 경험하며 수많은 역경을 견뎌내는 과정을 반복해야 만들어진다. 쉽게 글을 쓰고 쉽게 독서를 하는 방법은 이 세상 어느 곳에도 없다. 글쓰기는 인생의 아주 정직한 교사다. 게으름과 나태함, 잔꾀가 절대 통하지 않는 것이 글쓰기다.

세 번째 책 쓰기 단계는 독서와 글쓰기 연습을 꾸준히 하다 보면 어느 순간 책을 쓰고 싶은 생각이 올라오는 단계다. 책쓰기 욕구는 걱정과 불안을 동반된 욕구라 할 수 있다.

이러한 생각이 든다면 상업용 책 쓰기 과정을 수강해야 한다. 책 제목과 목차, 출간 기획서 작성 등 여러 정보와 팁을 제공해 준다. 주의할 점은 책 쓰기 과정은 한두 번으로 족하다. 책은 대필이 아닌 이상 스스로 쓰는 것이지, 책 쓰기 과정이 해결해 주는 것이 아님을 명심해야 한다. 글쓰기 연습을 규칙적으로 하지 않는다면 책 쓰기의 험난한 벽을 문으로 만들기 힘들다. 글쓰기 근력 또한 절대 생기지 않는다. 이 말을 신념처럼 여기고 2020년 9월부터 지금까지 하루도 거르지 않고 규칙적으로 블로그 글쓰기를 지속하고 있다. 무라카미 하루키, 빅토르 위고, 스티븐 킹 등 세계의 대문호도 규칙적인 글쓰기 습관이 있었다.

책 출간까지는 대단히 힘든 여정이라는 것은 분명하다. 출간에 도달하기 위해서는 수많은 고비를 이겨 내며 패러다임을 바꿔야 하기 때문이다. 역경 중에서도 가장 힘든 역경은 독서와 글쓰기 과정을 견뎌 내는 것이다. 독서가 중요할까, 글쓰기가 중요할까? 라고 묻는다면 독서와 글쓰기는 떼려야 뗄 수 없는 관계라고 답할 것이다. 독서를 통해 얻은 풍부한 정보를 글쓰기 재료로 만들어야 한다. 글쓰기는 요약과 인용만으로는 안 된다. 글쓰기 재료를 토대로 내 생각을 요리하는 신성한 과정이 있어야 비로소 나만의 글이 된다. 오랫동안 책을 읽었던 사람이 책을 출간하지 못했다면 그 이유는 단 하나다. 글쓰기 연습을 제대로 하지 않았기 때문이다. 매일 규칙적으로 글쓰기 연습을 통해 글쓰기 근력을 키워야 한다.

내향적 인간에서
외향적 인간 되기

〈사실 내성적인 사람입니다〉를 집필한 남인숙 작가를 알게 된 것은 코로나가 발생했던 2020년 4월이었다. 온라인 강연을 들으면서 작가님이 전형적인 내향적인 사람이라는 것을 알게 됐다. 강연에서 한국인의 80%가 내향적인 성향을 가지고 있다는 말을 듣고 놀랐다. 작가님뿐만 아니라, 내향적인 사람이 어떻게 외향적인 사람으로 바뀔 수 있었을까? 나 또한 전형적인 내향적 기질이라 작가님의 경험에 관심을 가질 수밖에 없었다.

작가님은 그동안 내향적인 사람으로 살아오면서 삶의 신조로 여긴 문장이 있다고 했다. "갈까 말까 할 때는 무조건 간다.” 였다. 외향적 행동에 대해 너무 의식하지 말라고 하며, 내 안에서 1~20%의 외향성만 발휘해도 충분히 효과를 얻을 수 있다고 했다. 강연을 듣고 그동안 외향적 행동을 하려고 끊임없이 노력했던 나 자신을 떠올려보았다.

나의 MBTI는 ISFP다. 전형적인 내향적 인간이다. 2021년 2월, 김형환 교수님의 1인 기업 & CEO 과정을 수강하면서 알게 됐다. 내 생애 최초의 검사였다. 내향적 인간은 혼자 있을 때 에너지를 받고, 외향적 인간은 외부 활동을 통해 에너지를 얻는다. 나의 내향적 성향이라는 기질은 변하지 않았지만, 행동 패턴에 변화가 생긴 것은 타인을 통해 알 수 있었다.

최근 같은 직장에 근무하는 직원과 인생 2막 준비를 주제로 10년 만에 마주 앉아 이야기할 기회가 있었다. 그 동료는 나에게 “과장님은 예전에는 아주 조용하고 말이 없었는데, 지금은 완전히 달라졌어요.”라고 말했다. 직장에서 이런 이야기를 듣게 된 것은 여러 번 있었다. 내향적 성향이라는 기질은 바뀌지 않아도 행동은 외향적 인간으로 바뀐 것이다.

돌이켜 생각해 보니 가장 든든한 버팀목이 된 것은 나의 존재감을 당당히 키워 줬던 자존감이었고, 두 번째로 송수용 작가님의 DID 강연과 남인숙 작가님을 비롯한 여러 강연을 들으며 외향적인 사람이 되려고 노력했던 결과였다.

DID가 결정적인 역할을 했다. DID는 한글로 ‘들이대’이고

'Do It, Done'의 약자다. 마음에 내린 결정을 끝까지 밀고 나가는, 일명 무대포 정신이다. 학벌 때문에, 머리가 안 좋아서, 스펙이 부족해서, 남을 의식해서 못한다는 이야기는 하지 말아야 한다. 내가 서 있는 곳에서 한 걸음만 더 나아가면, 그곳이 바로 출발점이 된다. 송수용 작가님의 〈들이대 DID〉에 있는 DID 정신이다.

DID는 내 생각이 주춤하거나 망설일 때 실행할 수 있는 힘과 용기를 줬다. 결국 이러한 것들이 내 생각을 행동으로 꾸준히 연결해 줌으로써 외향적인 인간으로 바뀌어 가게 됐다.

인생 2막을 준비하다 보면 '이걸 할까 말까?'라는 생각이 행동을 가로막는 장벽 앞에 서 있을 때가 많이 발생한다. 특히 내향적인 성격은 남 앞에서 말을 할 때 더욱 그러하다. 공식적으로 나서는 자리라면 말을 하지만, 솔선수범해서 말을 하는 편은 아니다. 인생 2막을 준비하며 이런 생각의 틀을 완전히 깨기로 마음속으로 다짐했다. 할까 말까 망설임이 들 때는 무조건 도전하는 쪽으로 마음을 바꾸는 것이다. 뒤에 일어나는 일이야 어찌 되든 생각하지 않고, 일단 하겠다는 말을 던지는 것이었다.

2021년 책 출간 후 퍼스널 습관 전문가라는 브랜드를 받고, 서울 금천구에서 영상 촬영을 제의받은 일이 있었다. 영상 촬영 후 편집과정을 거쳐 온라인 홍보 자료로 활용될 예정이었다. 아무런 준비도 없이 촬영 제의에 응했다. 일단 하겠다고 했지만 가장 답답한 것은 홍보 영상에 무엇을 넣을지 도무지 떠오르지가 않는 것이었다. 내가 꾸준히 해 왔던 작은 습관을 토대로 PPT 자료를 만들었다. 촬영할 때 말이 씹히거나 말하는 중 멈칫하는 일이 일어나 다시 촬영하기도 했다. 여러 차례 시도한 끝에 촬영은 성공적으로 마무리됐다.

'그것이 알고 싶다. 퍼스널 습관' 제목으로 퍼스널 습관 만들기 4주 과정에 대한 4분 11초짜리 안내 영상이 제작됐다. 내 인생의 첫 도전이었다. 무에서 유를 창조한 것 같은 기분이 들었다. 1주차부터 4주차까지 총 네번의 강연 프로그램을 만드는 과정에서 아이디어와 생각들이 섬광처럼 나타나는 경험을 했다. 내가 생각해도 신기하고 놀라운 일이었다.

첫 도전이 나름 성공하게 되면서, 1주차부터 4주차까지 만든 강연 프로그램을 토대로 퍼스널 습관 만들기 1기 과정을 공개 모집했다. 두 번째 도전이었다. 온라인 공개 강연은 물론 여러 단톡방에 홍보한 결과 수강 인원 모집에 성공할 수 있었다. 목표 수강인원 6명이 등록을 완료했기 때문이다.

퍼스널 습관 만들기 과정은 4기까지 이어졌다. 내향적인 성격이었지만 도전할 때만큼은 외향적인 성향을 발휘하듯 적극적인 행동을 보였다.

도전을 두렵게 여기는 것은 내향적 인간에게 흔히 일어나는 일이다. 인생 2막 준비에 있어 내향적 인간이라는 존재의 벽을 무너뜨려야 한다. 조용히 혼자 있는 사유의 시간을 사랑하되, 어떤 도전을 할 때는 적극적으로 임하는 자세가 필요하다. 책 출간 후 지난 5년간 이러한 관점으로 늘 도전하는 삶을 살았다.

내향적 인간이 내 안의 벽을 깨지 않는다면 평생 소심한 인간으로 살아갈 확률이 높다. 내향적 성향의 사람이 외향적인 삶을 살아가기 위해서는 자신의 행동 결정권에 당당해져야 한다. 불편하고 당황스러우며 낯설거나 두려운 마음이 들더라도 있는 그대로 받아들여야 한다. 누구에게도 눈치 보지 않는 마음을 가져야 한다. 내향적인 행동 스타일을 버리고 외향적인 행동으로 바꾸는 연습이 필요하다. 꾸준히 연습하다 보면 어느 순간 외향적인 성향으로 바뀐 자신과 마주하게 될 것이다.

내적 동기는
습관을 만드는 강력한 힘

"나의 작은 습관에는 생활 습관, 배움 습관, 건강 습관, 이렇게 크게 3가지로 구분할 수 있습니다. 생활 습관에는 기상, 미소, 명상하는 습관이 있고, 배움 습관에는 독서, 영어, 글쓰기 습관이 있습니다. 마지막 건강 습관에는 식습관, 운동, 규칙적인 수면 습관이 있습니다."

2021년 5월, 브랜딩 포유 장이지 대표의 도움을 받아 퍼스널 습관 전문가 홍보 영상을 촬영할 때의 내용 중 일부다.

'왜 퍼스널 습관이 중요할까? 개인별로 습관이 잘 만들어지지 않는 이유는 무엇일까?' 홍보 영상을 만들며 끊임없이 자신에게 물었더니, 사람마다 간절함, 꾸준함, 끈기의 차이 때문이라는 것을 알게 됐다. 한마디로 말하면 내적 동기 차이다.

나에게는 내적 동기가 누구보다 강하게 작용하고 있다. 내적 동기의 뿌리가 되는 나의 가치, 사명, 신념 등과 강력하게 연동되며 내 미래 모습을 생생히 그려 낼 수 있기 때문이다. 내적 동기를 살려내는 것이야말로 습관을 만드는 강력한 마중물이 된다는 사실을 알게 됐다.

외적 동기는 보상, 칭찬, 승진 등 외부 자극이 원인이 된다. 하지만 이러한 외적 동기는 짧게는 몇 달, 길게는 몇년, 이런 식으로 단기간에 끝날 수 있다. 반면에 내적 동기가 행동의 원인이 된다면 어떤 고난과 어려움에 직면해도 꺼지지 않는 불꽃처럼 장기적 지속성을 유지할 수 있다.

단톡방을 통해 새벽 기상, 만보 걷기, 매일 글쓰기 등을 일정 기간 인증하는 챌린지 과정에 참여해 본 경험이 있다면 알 수 있을 것이다. 챌린지 과정은 집단지성의 힘이나 외부 자극을 통한 외적 동기가 행동의 원인이 되는 경우가 많다. 챌린지 과정이 끝난 후 내적 동기를 살려내지 못한다면 시도했던 챌린지는 습관으로 이어지지 못하고 자연스럽게 사라진다.

금연, 금주, 체형 관리 다이어트를 예로 든다면 명확하다. 챌린지 과정을 통해 보상을 받는 빈도수가 높거나 아무리 많은 보상을 받는다고 해서 습관이 만들어지는 것은 아니다. 이런 것들은 모두 외적 동기가 원인이 되기 때문이다. 외부 보상이

나 의식적 통제, 의지력만으로는 습관을 만들 수 없다. 처음에는 의지력이 강하지만 시간이 지나면 의지력은 물론 끈기도 약해진다. 꾸준히 하지 못하는 자기 합리화 수단을 만들어 내다가 결국에는 원점으로 되돌아가게 된다.

새해가 되면 다이어트, 운동, 책 100권 읽기 등 신년 목표를 계획하고 실행하는 분들을 주변에서 많이 보게 된다. 과연 이러한 다짐과 실천이 얼마나 오래갈 수 있을까? 이렇게 시작한 것이 짧게는 1달, 길게는 1년이 갈 수 있을지 몰라도 결국 내적 동기를 찾지 못하면 어느 시점에 중단될 수밖에 없다.

커피, 담배, 술 등 기호식품은 가장 끊기 어려운 습관 중 하나다. 기호식품은 중독성이 강해 완전히 끊어 내기가 어렵다. 담배갑 표지의 건강 경고 문구와 혐오 사진도 결국 무용지물에 가깝다. 외부 자극이 금연을 위한 내적 동기로 전환되지 않기 때문이다. 표면적으로 건강한 사람이라면 하루 한두 잔 정도 적당히 커피를 마시거나 담배를 피워도 당장에는 문제가 되지 않는다는 자기 합리화 심리도 깔려 있다.

"좋은 습관은 나를 살리는 강력한 무기가 되며, 나쁜 습관은 나를 죽이는 또 다른 강력한 무기가 된다." 몇 년 전 워렌 버핏과 빌 게이츠가 공동 집필한 〈성공을 말하다〉 유튜브 영상에서 본 문장이다. 책 또는 유튜브를 보면 내적 동기를 불러일으키는 명장면이자 뇌에 지진을 줄 만큼 강력한 문장을 만나게 된다.

2021년 5월부터 커피를 완전히 끊었다. 지금까지 단 한 잔의 커피도 마신 적이 없다. 술도 끊은 지 4년이 넘었다. 술을 많이 마시면 어김없이 담배 한두 개비를 피우는 습관이 있었다. 술을 끊게 되면서 담배 피우는 습관도 완전히 사라졌다.

술, 담배를 완전히 끊을 수 있었던 것은 결단과 의지만으로 된 것이 아니었다. 특히 커피 같은 경우는 당장 몸에 이상이 있을 만큼 문제가 되는 상황도 전혀 아니었다. 술이나 커피는 가끔 한 잔쯤은 괜찮다고 스스로 합리화할 수 있었지만, 나는 완전히 끊었다. 뜻하지 않게 술, 커피를 마셔야 하는 장소나 분위기가 되어도 "술은 못 마십니다. 커피는 안 마십니다."라고 당당히 말한다. 이러한 생각을 행동으로 실천할 수 있었던 비결은 내 안에서 끊임없는 내적 동기가 발현됐기 때문이다.

2018년부터 매일 셀카 미소 사진을 찍어 온라인 여러 단톡방에 올리고 있다. 그때 함께 했던 동기생들은 짧게는 몇 달, 길게는 몇 년을 하다가 모두 자취를 감췄다. 내적 동기를 살려내지 못했기 때문이다. 미소가 좋다는 사실은 그동안 읽었던 수많은 책 속에서 미소 관련 명문장을 통해 알게 됐다. 미소가 내 인생과 운명까지 바꿔준다는 사실을 믿기 때문이다. 셀카 미소를 평생 할 수밖에 없는 나만의 내적 동기 중 하나다.

생활 습관, 배움 습관, 건강 습관 등 그동안 해 왔던 수많은 습관은 내적 동기를 기반으로 지속된 것임을 자부한다. 습관은 의식하지 않는 상태를 말한다. 내적 동기는 습관을 만들기 이전 단계에도 작동해야 하며, 습관이 만들어진 이후에도 무의식적으로 작동되어야 한다.

사람들이 습관을 만드는데 실패하는 이유는 방법을 몰라서가 아니다. 지속할 내적 동기가 없기 때문이다. 내적 동기는 습관을 만들게 하는 가장 강력한 힘이 된다.

내적 동기는 스스로 행동을 일으킬 수 있는 이유를 발견하는 데서 시작된다. 그러나 그 동기는 반드시 나의 가치와 사명, 신념, 즉 인생 철학과 목표에 뿌리를 두고 있어야 한다. 그렇지 않다면 내적 동기는 오래 지속되지 못하고, 결국 평생 이어질 습관으로 자리 잡을 힘을 잃고 만다.

인생 2막을 준비하며 습관을 만드는 이유는 크게 두 가지다. 좋은 습관을 통해 경제적 자유를 얻는 것과 가치 있는 삶을 살기 위한 것이다. 좋은 습관은 부와 연결 통로가 되고 가치 있고 의미 있는 삶과 핵심 연결 고리가 된다. 우리가 습관을 못 만드는 이유는 방법을 몰라서가 아니다. 루틴을 지속할 내적 동기가 없기 때문이다. 인생 2막을 준비함에 있어 나만의 내적 동기가 무엇인지 찾아보자.

습관 마인드셋
장착하기

"꾸준함이 무엇인지를 무섭도록 몸소 보여 주신 이목원 작가님! 덕분에 습관의 이유와 변화의 이유, 그리고 발전의 이유를 조금이나마 알게 되었습니다."

2021년 7월, 코로나19가 한창인 시절, 온라인에서 습관 관련 강연 후 수강 후기를 올려줬던 분의 내용 중 일부분이다. 강연에서 무섭도록 꾸준함이란 것은 바로 2003년부터 해 왔던 영어 공부 습관이었다. 이 외에도 2018년부터 해오고 있는 미소 습관, 2020년부터 지속해 오고 있는 블로그 1일 1포스팅 습관들은 내 삶을 변화시키는 핵심 습관으로 자리 잡았다.

한번 시작하면 무섭도록 꾸준함이 어디에서 나왔던 것일까?

습관에 대해 본격적인 관심을 가지기 시작한 것은 2021년 첫 책 출간 후 퍼스널 습관 메신저라는 브랜드를 만들면서부터다. 퍼스널 습관 메신저란 한 개인의 라이프 스타일을 체크하고 인생 2막 준비에 있어 가장 중요한 습관의 기본 틀을 다져가며 습관을 만들어 갈 수 있도록 도움을 주는 사람을 말한다. 그동안 습관을 잘 만들지 못하는 분들께 습관 코칭을 실시하고 퍼스널 습관 만들기 과정을 운영하며 퍼스널 습관 메신저로서 많은 분들께 도움을 드렸다. 인생 2막 습관 스쿨 오픈채팅방도 운영하고 있다.

그동안 꾸준하게 지속해 왔던 습관의 바탕에는 습관 마인드셋이 있었다는 것을 알게 됐다. 마인드셋 과정을 제대로 익힌다면 좋은 습관을 만들 수 있는 마중물이 될 것임을 확신하게 됐다.

마인드셋 훈련 과정은 크게 1단계와 2단계로 구분한다. 1단계는 3가지 과정이 있다. 첫 번째가 자각 훈련이다. 모든 행동의 첫 인식단계는 자각으로부터 비롯된다. 자각에도 강, 중, 약이 있다. 망치로 뒤통수를 가격할 정도의 강한 자각이 아닌 이상 자각의 유효 기간은 정말 짧다. 명강연, 감동적인 책 등이 행동 유발을 지속하지 못하는 이유는 자각 기간이 짧다는 것이다.

두 번째 훈련 과정은 나무만 보지 말고 숲을 보는 훈련이다.

자각 훈련을 자주 하며 숲을 보는 능력을 키워 나가야 한다. 내가 매일 반복하는 행동으로 인해 내 미래가 어떤 모습으로 변화할지 풍부하게 상상하는 것이다. 숲을 보는 훈련은 다른 말로 자아의식 확대 훈련이다. 자아의식은 몸과 분리 되어 내 모습을 수시로 볼 수 있게 해준다. 자아의식 확대 훈련을 통해 상상만 하면 과거와 미래는 물론 우주까지도 날아가서 내 존재의 의미를 새길 수 있다. 자아의식과 상상력 훈련을 꾸준히 한다면 현실에 매몰되지 않고 현재의 행동을 규칙적으로 꾸준히 지속할 수 있는 강력한 힘을 얻게 된다.

숲을 보는 데 가장 큰 방해물은 술이다. 술을 자주 마시는 사람은 전전두엽 피질 기능이 억제되어 숲을 보려 해도 잘 볼 수 없다. 편도체가 발달됨으로써 온갖 부정적 감정이 통제되지 않은 채 분출하게 되기 때문이다. 술로 기분을 풀었다 하더라도 내가 뱉어낸 부정적인 말이 무의식에 쌓이게 마련이다. 술로 스트레스를 푸는 사람에게 "눈을 감고 타임머신을 타고 10년 후 내 모습이 어떤지 여행을 가봅시다. 나는 어디에서 무엇을 하고 있나요?"라고 물으며 자아의식 확대 훈련을 해도 자신의 미래 모습을 생생히 그려내는 힘이 약하다.

세 번째는 내 안에 가치, 사명, 신념, 인생철학 등을 내 것으로 만드는 훈련을 해야 한다. 각종 교육 또는 코칭을 받으며 가치, 사명, 신념, 인생철학 등을 몇 번 외친다고 되는 것이 아니다. 이러한 것들이 무의식 속에서도 내 안에 살아 숨 쉬게 만들어야 한다. 내 안에서 이러한 것들이 살아 숨 쉬는 정도가 된다면 내가 만들고자 하는 습관을 중단하지 않고 지속할 수 있다. 습관이 지속되지 않는 이유는 가치, 사명, 신념이 살아 숨 쉬지 않기 때문이다. 가치, 사명, 신념이 살아 숨 쉰다면 인생에 어떤 고통과 고난이 오더라도 뚫고 나갈 힘과 에너지를 얻을 수 있다. 새벽 기상, 독서, 도전 등 새롭게 만드는 루틴에는 가치, 사명, 신념이 뜨거우면 뜨거울수록 지속하는 힘이 생기게 마련이다.

마인드셋 1단계 과정은 단기간에 완성되지 않는다. 사람마다 살아왔던 삶의 패턴이나 성향 등이 모두 다르기 때문이다. 같은 교육을 받더라도 습관이 만들어지는 사람과 그렇지 않은 사람의 차이는 여기에 있다. 그렇기 때문에 마인드셋 2단계 과정이 필요하다. 2단계 과정은 마인드셋 1단계 과정을 체화하는 과정이자 실전 훈련 과정으로, 마인드셋 1단계 과정을 끊임없이 반복하는 과정을 말한다.

이때 필요한 것이 자기만의 피봇 시스템을 가동하는 것이다. 피봇(Pivot)이란 농구 경기에서 유래됐다. 한 발을 중심축으로 두고 여러 방향으로 상대편을 향해 돌진하는 패턴을 말한다. 개인 성향과 행동 패턴에 맞게 이렇게도 해 보고 저렇게도 해 보며 체화하도록 만드는 것이다.

체화 과정을 예를 든다면 홀로 산책하며 내 인생을 어떻게 살 것인가에 대한 의식 확대 훈련을 하는 것이다. 이 순간에 어떤 가치와 사명, 신념을 가지고 살 것인지 수시로 떠올려 봐야 한다. 이러한 과정은 한 번에 되지 않는다. 끊임없는 실패와 반복 훈련을 통해 조금씩 변해 가는 것이다.

또 하나가 있다면 만나는 사람과 환경을 바꾸고, 시간을 달리 사용하며 변화를 시도해야 한다. 사람마다 그동안 살아왔던 패러다임으로 인해 습관이 만들어지는 방식이 다양하게 나타난다. 피봇 시스템은 자기만의 다양한 시도와 도전을 하는 과정을 말한다. 생각으로 피봇 시스템을 만드는 것이 아니라 끊임없는 실패와 도전을 통해 얻어진다. 흔히 나는 끈기와 인내가 없다는 생각도 피봇 시스템을 통해 바꿀 수 있다.

마인드셋 과정은 어렵고도 힘든 과정이다. 마인드셋은 사전적으로 '바꾸기 힘든 사고방식 또는 태도' 라고 정의된다. 성장지향형 습관도 내 안에 있는 바꾸기 힘든 사고방식과 태도를 바꾸는 것이다. 마인드셋을 체화하는 과정은 자기만의 피봇 시스템을 잘 활용하여 끊임없는 훈련을 통해 완성된다.

좋은 습관 하나가
10개의 좋은 습관을 만든다

2021년 〈쫓기지 않는 50대를 사는 법〉을 출간하며 카카오 오픈채팅방을 개설했다. 채팅방 이름은 인생 2막 습관 스쿨 방이다. 습관 만들기를 힘들어하는 분들에게 도움을 주기 위해 만들었다. 채팅방 운영자로서 새벽 기상, 셀카 미소, 낭독, 영어 공부 등 그동안 꾸준히 해왔던 습관들을 규칙적으로 올렸다. 하루도 빠지지 않고 규칙적으로 인증하는 습관이 타인에게 큰 영향을 주었다. 습관 코칭 강연 활동을 통해 다양한 사람들이 오픈채팅방으로 들어왔다 .

인생 2막 습관 스쿨 방에서 자기만의 규칙적인 습관을 이어가다가 새벽이슬처럼 사라진 사람도 많았다. 반면 비가 오나 눈이 오나 자신만의 규칙적인 습관을 꾸준하게 이어 오는 분들도 많이 있었다. 이런 분들 가운데 꾸준함의 끝판왕이라 할 만큼 좋은 습관들을 지속해 오는 분이 있었다. 그중 꾸준함이 돋보이는 사람을 서로 크로스로 지목하도록 하자 자연스럽게 네 명이 추려졌다. 이분들은 영어 공부, 책 속 명언 공유, 운동 등 분야별로 각자의 습관을 꾸준히 이어 오고 있다. 서울에서 치과 원장을 하는 분도 있고, 경기도에서 대기업에 다니는 분도 있다. 나이도 40대부터 60대까지 다양해 직업, 사는 곳, 연령 모두 제각각이다. 말 그대로 4인 4색이다. 이분들은 꾸준함의 끝판왕처럼 보였다. 이러한 꾸준함이라면 어떤 습관도 다 만들어 갈 수 있다는 생각이 들었다. 좋은 습관 하나가 다른 좋은 습관을 만드는 데 마중물 역할을 하기 때문이다.

인생 2막을 준비하며 좋은 습관이란 어떤 습관일까? 먼저 좋은 습관을 단일적 습관과 포괄적 습관으로 구분해 볼 수 있다. 새벽 기상 습관, 수면 습관, 독서 습관 같은 경우는 단일적 습관이다. 하나의 과제만 규칙적으로 실시해 습관으로 만드는 과정이다. 반면 자기 계발 습관과 건강 습관은 포괄적 습관이다. 자기 계발 안에는 독서, 대학교 공부, 어학 공부는 물론 나의 잠재된 능력을 계발하는 모든 것이 포함되어 있다. 건강 습관도 마찬가지다. 질 좋은 수면 습관, 규칙적인 운동 습관, 건강한 식습관 등이 포함되어 있다. 단일적 습관도 어렵지만, 포괄적 습관을 평생 습관으로 만드는 것은 더더욱 어려운 일이다.

단일적 습관은 일상의 변화를 통해 인생의 큰 변화로 이끄는 경우가 많다. 포괄적 습관은 인생을 변화시켜 주는 핵심 습관이 되는 경우가 많다. 금연, 금주, 독서, 좋은 식습관은 단일적 습관이지만, 일상의 작은 변화를 통해 인생의 큰 변화로 이어주는 대표적인 사례다.

쉬워 보여도 꾸준히 지키기 힘든 7가지 습관에는 무엇이 있을까? 서울에서 치과를 운영하는 원장님이 인생 2막 습관 스쿨 오픈채팅방에 올렸던 내용이다. 이분은 책 속의 명언을 꾸준히 올리는 분으로, 꾸준한 습관을 지속해 가는 네 분 중 한 분이다. 원장님이 올렸던 7가지는 1. 일찍 일어나는 습관, 2. 규칙적으로 운동하기, 3. 건강한 식습관 유지하기, 4. 적절한 수면 유지하기, 5. 매일 내면의 자신과 만나기, 6. 긍정적 마인드셋 유지하기, 7. 지속적인 자기 계발하기였다. 나에게 이 7가지 습관은 큰 문제 없이 지속하고 있는 습관이었다. 내적 동기가 기반이 되어 끊임없이 행동을 유발하는 에너지를 받고 있기 때문이었다.

단일적 습관과 일상 습관을 만들기도 어렵지만, 포괄적 습관을 평생 지속하는 것은 더더욱 어렵다. 그 이유를 세 가지 정도로 구분해 볼 수 있다. 첫째, 사람마다 살아온 환경, 삶의 태도, 관점이 다르다. 둘째, 살아왔던 라이프 사이클도 다르다. 아침형 인간, 저녁형 인간, 몰입형 인간 등으로 다양하다. 마지막으로 사람마다 성격과 스타일이 달라 시간 활용에 차이가 있다.

평소 잘 알고 지내는 A 씨가 있다. 이분은 무엇이든 규칙적으로 일정하게 하는 것들이 잘되지 않는다. 새벽 기상, 독서, 건강을 위한 수면, 식습관, 운동 등 무엇이든 한 가지 일을 매일 규칙적으로 하는 모습을 잘 보지 못했기 때문이다. 옆에서 오랫동안 이런 모습을 보며 왜 규칙성이 떨어지는지 알 수 있었다. 이분은 전형적인 몰입형 인간이었다. 하나의 일에 몰두하게 되면 시간 관념도 잊어버릴 만큼 집중한다. 습관 만들기의 가장 중요한 요소인 나만의 신호가 작동하지 않았기 때문이다. 습관의 기본은 나만의 신호를 포착해 규칙성을 유지하는 것이다.

예를 들어 밤 11시 취침 습관을 만든다면, 10시 50분 전에는 수면 준비를 하며 모든 일정을 그전에 마칠 준비를 해야 한다. A 씨 경우는 특별히 중요한 일이 아니어도 몰입하게 되면 취침 시간을 넘기는 일이 허다했다.

이처럼 주변을 보면 몰입형인 사람들이 습관 형성에 어려움을 호소하는 사례를 많이 보게 된다. 이들은 좋은 습관을 만들기 위해 규칙적으로 행동하는 것에 익숙하지 않다는 공통점이 있다.

좋은 습관 하나가 10개의 습관을 만든다? 사실일까, 아닐까? 좋은 습관 하나가 다른 습관에 큰 영향을 미친다고 믿는다. 여기서 말하는 습관은 1~2년 하다 마는 것이 아니라 최소 10년 이상 지속하는 것을 말한다. 1~2년 하다 중단하는 습관은 단기성 성과로 끝나지만, 10년 이상 지속하는 것이야말로 평생 습관으로 이어져 삶을 변화시키는 최고의 습관이 되기 때문이다.

새벽 기상 습관 하나를 예로 들면 명확하다. 평생 새벽 기상 습관으로 이어진다고 가정해 보자. 새벽 시간에 운동, 명상, 독서 등 자기 계발을 위한 많은 시간을 투자할 수 있다. 새벽 기상을 하게 되면 수면 습관에도 영향을 미친다. 매일 일정한 시간에 자야 새벽 시간에 일어날 수 있기 때문이다. 밤늦게 자거나 불면증 등으로 수면의 질이 떨어진다면 새벽 기상이 개운하지 못하다. 수면 습관을 잘 들이는 것은 스트레스를 줄이며 매사에 긍정적 사고 습관을 형성하는 데에도 영향을 미친다. 일상에서 아무리 힘들거나 스트레스를 받는 일이 있어도 긍정적 사고 습관을 유지하면 그날 밤 수면에 영향을 주는 일이 거의 없다. 수면 습관에는 음주 습관도 영향을 주게 된다. 술을 습관적으로 마시게 되면 질 좋은 수면을 방해하기 때문이다.

7가지 습관 중 단일적 습관 하나라도 제대로 10년 이상 지속할 수 있다면, 10개의 습관이 자동적으로 만들어지는 경험을 하게 된다.

자기 계발로
첫 수입 만들기

30년 넘게 직장 생활을 하며 업무 이외에 내가 해 보고 싶은 것에 도전한 것이 무엇이 있었을까? 영어, 수영, 스킨스쿠버, 마라톤, 스키, 골프, 사진, 경매, 주말농장 운영, 기타 연주, 독서, 글쓰기 등 여러 가지 했던 것들이 생각났다. 이 중에는 단순 취미 활동으로 시작한 것이 대부분이었고, 경매와 같이 돈을 벌기 위한 목적으로 시작한 것은 거의 없었다.

취미 활동을 통해 첫 수입을 얻었던 것은 사진이었다. 2013년 환경 사진 공모전에 출품해 우수상을 받으며 상금 30만 원을 받았다. 내 인생에서 취미 활동을 통해 돈을 받았던 최초의 성과였다. 2010년 미국 연수 시절, 미국 본토와 캐나다 등을 여행하며 사진 취미 활동을 본격적으로 시작했다. 그전에는 똑딱이 카메라로 찍었다면, 이때부터 DSLR 카메라로 사진을 찍었다. 사진을 별도로 배운 적은 없었다. 사진 동호회 참여나 개인적으로 풍경 사진, 인물 사진, 꽃 사진 등 수많은 사진을 찍었던 경험이 효과를 발휘했다. 2013년 이후로 수상 경험은 없고, 사진 활동은 중단된 상태다.

두 번째로 수입을 발생시킨 것은 주말농장이었다. 2017년 경매를 통해 농지를 낙찰받고 주말농장을 시작했다. 2018년 고구마 농사를 지어 100박스(10kg/1박스) 정도를 팔아 200만 원 이상의 수익을 올렸다. 이후로는 판매 목적으로 주말농사를 짓지는 않고 있다. 농사일은 노동 집약형이며 직장을 다니며 시간을 많이 내기가 쉽지 않았기 때문이다.

세 번째로 수입을 발생시킨 것이 경매였다. 경매를 배웠던 가장 큰 목적은 재정적 안정과 퇴직 후 경매 활동을 통한 인생 2막 준비의 시발점이 될 수 있다는 생각 때문이었다. 2016년 경매 전문 기관을 통해 경매 기본 과정과 심화 과정 수업을 받으며 모의 투자와 실전 투자를 병행했다. 경매 물건에 참여해 여러 번의 패찰을 경험한 끝에, 주말농장 토지뿐만 아니라 아파트 등 여러 물건을 낙찰받았다. 2020년 경매받았던 아파트를 매매하며 수익을 실현했다. 경매 물건을 통해 처음으로 돈을 벌었던 일대 사건이었다. 경매를 배우지 않았다면 주말농장 기회도 없었고, 부동산으로 수입을 발생시킬 기회도 얻지 못했을 것이다.

네 번째는 책 출간을 통한 인쇄료 수입이었다. 2010년부터 시작했던 독서와 글쓰기가 바탕이 되어 2021년 책을 출간할 수 있었다. 첫 책은 출간 후 3쇄를 찍으며 세 번에 걸쳐 출판사로부터 인쇄료를 받았다. 첫 인쇄료를 받았을 때의 감동은 잊을 수가 없다.

마지막으로, 다섯 번째는 코칭을 통한 수입이었다. 취미 활동으로 시작한 것은 아니었고, 책 출간 후 인생 2막 준비 차원에서 시작한 것이었다. 2021년 한국코치협회가 인정하는 KAC 코치 자격을 획득하며 개인 코칭으로 수입을 창출할 수 있는 자격을 얻게 됐다. '에스프레소 코칭'이라는 이름으로 1:1 코칭을 기획해 1기부터 5기까지 과정을 운영했다. 에스프레소 한 잔 정도의 가격으로 1:1 한 시간을 코칭해 수익을 올렸다.

그동안 다섯 가지 분야에서 발생한 수입에는 시간과 노력이라는 재료가 공통적으로 투입됐다. 가장 많은 시간과 노력을 투입한 것은 독서와 글쓰기였고, 가장 적은 시간과 노력을 투입한 것은 사진이었다. 책 출간처럼 오랫동안 자기 계발 결과로 발생한 수입과 사진처럼 취미 활동을 통해 얻은 수입은 차원이 달랐다.

취미 활동은 말 그대로 흥미를 느끼고 시작하는 것이므로 자기 계발과는 차이가 있다. 취미는 그 분야에 관심이 있다면 누구나 시작할 수 있다. 반면 자기 계발은 관심을 가지고 시작했던 취미를 한 단계 더 도약시키는 것을 의미한다. 취미로 책을 읽는 사람과 많은 책을 읽고 책을 출간한 사람 사이에는 엄연한 차이가 있다.

취미 활동으로 시작한 사진을 자기 계발 단계로 도약시키는 것을 생각해 보면 명확하게 다가온다. 사진 분야에서 더 많은 공부를 하고 실력과 경험을 쌓아 수준을 높여야 한다. 사진 공모전에 출전해 많은 입상 경험을 하는 것도 중요하다. 나아가 개인 사진전을 여는 것을 목표로 할 수 있고, 사진을 배우려는 사람을 교육하며 커뮤니티를 만들 수도 있다.

주말농장의 경우는 퇴직 후 6차 산업과 연계해 목표를 잡고 도전하는 것이 자기 계발이다. 목표 달성을 위해 관련 분야에 지식과 정보를 습득하고 인적 네트워크를 넓혀 가는 과정에서 수많은 시행착오와 험난한 파도를 뚫고 나가야 할 것이다.

경매는 취미 활동이 아닌 자기 계발이었다. 지금은 경매가 주춤한 상태에 있다. 경매 실전 감각을 익히기 위해 더 많이 배우고 자기만의 노하우를 축적해 나가야 한다. 이런 과정에서 지속적인 자기 계발이 필요한 것은 두말할 나위도 없다.

취미 활동으로 시작했던 분야는 퇴직 후 자기 계발 단계로 도약해야만 더 많은 성과를 실현해 나갈 수 있다. 분야별로 투입한 물리적 시간과 노력은 크기도 다르고 실패와 좌절의 경험도 차이가 난다.

자기 계발의 길은 수많은 실패와 좌절을 경험하며 앞으로 나아가는 길이다. 고속도로처럼 편안하게 가는 길은 없다. 스스로 개척해 나가야 하는 어렵고 험난한 길이다.

책 출간, 코칭, 경매 모두 자기 계발을 통해 얻어낸 수입이었다. 나에게 진정한 자기 계발 수입은 첫 책 출간으로 벌어들인 인쇄료였다. 오랫동안 자기 계발이라는 시간과 노력을 투입한 뒤 벌어들인 가장 고결하고 값진 수입이었다. 내 영혼을 갈아 넣을 만큼 공들여 출간한 것이 첫 책이었다. 첫 책 출간은 다른 수입을 창출할 수 있는 매개체가 됐다. 유료 코칭은 물론 유료 독서 모임, 111챌린지 과정 운영을 통해 수입을 창출할 수 있었던 것도 책 출간 후 이룩한 성과였다. 책 출간으로 인지도를 높였기 때문에 강연 수강생 모집을 수월하게 할 수 있었다.

인생 2막 준비는 취미 활동을 자기 계발의 기회로 삼으면 가장 무리 없이 도전할 수 있다. 직장 생활을 하며 그동안 취미 활동으로 시작했던 사소한 것들이 은퇴 후 새로운 기회의 문을 열 수 있다는 것을 알게 됐다. 기회의 문이란 단순한 취미 활동이 아니라 재정적 수입을 발생시키는 행위를 의미한다. 지금 생각해 보면 스킨스쿠버, 스키와 같이 취미 활동으로 시작해 한때를 즐기다가 영원히 중단한 종목도 있다. 반면 골프, 사진, 주말농장 운영과 같은 것은 퇴직 후에 할 여지를 남겨두고 있는 종목이다.

앞으로
딱 10년이다

"저는 대나무 '모죽'처럼 꾸준함과 끈기를 가지고 성장하는 사람입니다."

몇 년 전 '아시아코치센터'에서 코칭 공부할 때 나를 표현하기 위해 '모죽'을 인용하여 문장을 만든 적이 있다.

모죽은 씨를 뿌린 후 아무리 생육 환경이 좋아도 5년 동안은 싹이 돋지 않는다. 싹이 돋지 않는 대신 5년 동안 뿌리만 사방팔방으로 뻗는다. 5년이 지나면 하루 50~80cm씩 자라며 무려 30m까지 성장한다. '모죽'이라는 대나무의 싹이 돋아나는 과정을 제대로 알고 난 후, '모죽'은 나를 대변하는 단어가 됐다. 인생 2막 준비도 모죽의 싹이 돋아나는 마음가짐으로 임해야 한다고 생각을 고쳐먹으면 큰 힘을 얻게 된다.

어떠한 도전이든 1~2년 만에 결과를 기대하지 말라는 것과 같다. '모죽'이 5년을 견뎌내며 싹이 돋아나듯, 인생 2막 준비를 시작하며 내 안에 잠재해 있는 자기 계발이라는 싹은 언제 돋아날지 알 수 없다.

나에게 첫 책 출간은 10년의 세월을 견뎌 내며 이룩한 값진 성과였다. 2010년 가을, 독서를 처음 시작할 때는 그것이 자기 계발인지조차 의식하지 못했다. 자기 계발의 씨는 모진 비바람을 맞고 만 10년이 지난 2021년에 〈쫓기지 않는 50대를 사는 법〉이라는 첫 책 출간의 열매를 맺었다. 10년의 기간은 나에게 고통과 견딤이 반복된 시간이었다. 자기 계발을 통한 10년의 견딤은 첫 책이라는 열매를 수확하게 했다.

인생 2막을 준비하며 딱 10년만 견뎌 낸다는 마음가짐으로 지속하면 어떨까? 2021년 첫 책 출간 이후 2031년이 되는 시점이 되면 지금보다 더 많은 열매를 수확할 것이라 확신한다. 그 열매가 어떤 모습으로 맺힐지는 상상할 수 없지만, 내 삶의 자아실현이라는 목표에 한 발 더 다가가는 길이라 믿는다.

10년이라는 물리적인 시간은 길다면 길고, 짧다면 짧게 느껴질 수 있다. 내가 해 보고 싶었던 것을 한 번도 도전해 본 경험이 없는 사람에게는 10년이라는 기간이 물리적으로 엄청나게 길게 느껴진다. 반면 단 한 번이라도 10년이라는 물리적 기간

동안 어떤 성과를 냈거나 도전을 지속해 본 사람은 그다음 10년을 또 다른 것에 도전할 수 있다. 10년의 세월을 아무 도전 없이 보내는 사람에게는 무의미 한 시간이 될 수 있지만, 도전하며 10년을 보내는 사람에게는 삶의 큰 의미를 부여할 수 있는 시간이다.

나이가 들수록 시간이 더욱 빨리 간다는 것은 누구나 경험하는 자명한 현실이다. 인생 2막 준비는 모름지기 딱 10년을 매일 규칙적으로 무언가를 하며 삶을 변화시키는 데 시간을 보내려는 결단이 필요하다.

지금부터 자기 계발을 위해 딱 10년만 견뎌 낸다면 또 다른 세상을 경험하게 되는 마중물을 충분히 만들 수 있다. 평범한 사람이 가장 위대한 사람이 되는 유일한 방법은 무한 반복의 힘이다. 적당히 해서는 안 된다. 아주 끈질기게 해야 한다. 끈질김의 기간을 10년으로 본 것이다. 허송세월로 10년을 보내기는 쉬워도 끈질기게 10년을 보내기는 어렵다. 그 이유는 10년간 무엇이든 끈질기게 해 본 경험이 단 한 번도 없기 때문이다. 만약 10년간 지속된 끈질긴 경험이 있다면 새로운 10년의 도전에 아무 문제가 없게 만든다.

2018년부터 지금까지 평일 기준으로 매일 셀카 미소 사진을 찍고 미소 관련 명문장을 함께 적어 온라인 단톡방 여러 곳에 올리고 있다. 8년째 지속하고 있다. 밥이 나오는 것도 아니고 돈이 되는 것도 아니다. 꾸준히 지속했던 결과, 미소를 통해 밥과 돈보다 더 중요한 긍정적인 사고와 삶의 태도를 가질 수 있었다. 타인에게 미소 바이러스를 전파하게 됐다. 많은 분이 미소 사진을 보며 칭찬해 주기도 하고, 자신도 미소 연습을 시작하게 됐다는 이야기를 많이 했다.

미소 연습은 자기 효능감과 존중감이 높아지며 자존감도 올라가게 된다. 10년간 지속하면 어떤 결과가 도래할까? 미소 메신저로서 밝은 미소 짓기가 어색한 사람들에게 도움을 주는 전도사 역할을 할 수도 있을 것 같다.

인생 2막을 준비한다면 10년이라는 시간은 반드시 도전하며 견뎌 내야 할 시간이다. 수길따라(Sugilway) 여행 유튜브를 운영하는 최수길 씨는 퇴직 20년 전부터 인생 2막을 준비했다. 강원도교육청에서 행정국장, 교육문화관장 등을 역임하며 40여 년 동안 공무원으로 재직한 그는 퇴직 후 세계 일주 계획을 실현하기 위해 준비했다. 세계 일주를 위해 매일 1만 보를 걷고 탁구를 즐기며 체력을 다지고 건강을 챙겼다. 경제적 준비를 위해서는 퇴직 15년 전부터 연금 저축과 달러 예금을 했다. 45세 때부터 한양사이버대 영어과에 입학해 영어 공부를 시작했다. 세계 일주를 위해 건강, 재정, 언어에 자신의 시간과 에너지를 집중적으로 투자한 것이다. 퇴직 20년 전부터 준비했던 견딤의 시간이 퇴직 후 구독자 35만 명을 둔 여행 유튜브 채널을 만들게 했다. 세상에 우연히 된 것은 하나도 없다. 최수길 씨의 끈기와 집념, 고통과 견딤의 시간들이 오늘을 있게 만들었다.

"한 일(一)자를 10년 쓰면 붓끝에서 강물이 흐른다."

이 말은 정호승 시인께서, 추사 김정희 선생이 평생 70년 동안 벼루 열 개를 바닥까지 닳게 쓰고, 붓 일천 자루를 몽당붓으로 만들었다는 사실을 떠올리며 하신 말씀이다. 다소 과장되고 은유적인 문장이지만 새로운 도전에는 10년이라는 기간을 생각해야 한다.

내가 하고 싶은 것이 있다면 눈 딱 감고 10년만 도전해 보면 붓끝에서 강물이 흐르듯 반드시 성과가 나온다는 것이다. 만약 눈에 보이는 성과가 없다고 해도 그동안 해 왔던 꾸준함이라는 경험은 또 다른 10년을 할 수 있는 힘을 얻게 한다.

시간의 점을 연결하면
나만의 별이 된다

"지금 당장 급하지는 않지만 지금부터 꾸준히 지속하면 당신의 삶을 변하게 하는 것 세 가지는 무엇인가요?"

이 문장은 독서를 하며 셀프 코칭 차원에서 스스로에게 던졌던 질문이었다. 사무실에서 일하며 보냈던 시간이었을까? 주말이면 테니스, 등산, 골프 등 취미 활동을 하며 보냈던 시간이었을까? 그동안 하루하루를 살아가며 보냈던 시간은 이 질문의 답이 되지 못했다. 독서, 글쓰기, 미소 연습, 수영, 영어 등 급하지 않지만 매일 규칙적으로 해 왔던 것들이 내 삶을 변화시켜 준 시간이었다.

이 세상 누구에게나 공평하게 주어지는 하루 24시간의 시간을 어떻게 보내느냐가 내 미래를 결정하게 된다. 시간의 개념을 이해한다는 것과 그 시간의 의미를 깊이 있게 받아들이고 삶에 적용하며 살아가는 것은 완전히 다르다.

"내가 보낸 하루의 시간이 내 현재 모습이요, 내 미래 모습이 된다. 어제와 같은 삶을 살면서 달라지기를 원하는 것은 정신병자 초기 증세다."

이는 모두, 잘못된 시간 사용에 관해 강하고 단호하게 꾸짖는 문장들이다. 세상에 널려 있는 시간에 대한 명문장들도 내 삶에 적용하여 실천에 옮기지 않는다면 아무 의미가 없다.

2021년 책 출간 후 내 삶의 중심축은 카이로스 시간과 생산적인 시간에 최대한 주력하는 것이었다. 미래의 내 삶에 도움이 되지 않는 일에 시간을 쓰는 것을 스스로 허용하지 않았다. 2009년 미국 연수를 하며 시작했던 골프를 책 출간 후 중단한 이유도 여기에 있었다. 내게 있어 골프는 시간을 잡아먹는 하마와 같았다. 즐겁기는 하지만 내 미래를 변화시켜 줄 일은 절대 아니었다.

내가 보내는 하루의 시간을 달리 쓰지 않으면 내 미래가 변하지 않는다는 사실을 매사에 적용하려고 노력했다. 내가 보냈던 시간은 자기 계발의 시간이었고 자아실현을 하기 위한 하나의 점을 찍는 시간이었다.

직장 생활 하며 인생 2막 준비를 비슷하게 시작했는데 어떤 사람은 새로운 습관을 만들고, 또 어떤 사람은 새로운 습관을 잘 만들지 못한다. 그 이유는 무엇일까? 후자의 경우는, 내가 보내는 하루의 시간을 다르게 쓰지 못했다는 말이다. 그 이유를 단 한마디로 말한다면 사람마다 패러다임의 차이가 있기 때문이다. 패러다임이란 그 사람이 살아왔던 삶의 태도와 방식이다.

평소 규칙적인 생활에 익숙한 사람이 있고, 규칙성이 떨어지는 사람이 있다. 약속 시간을 잘 지키는 사람, 약속 시간이 불분명한 사람, 정리 정돈을 잘하는 사람과 그렇지 못한 사람 등 모든 행동의 결과는 그 사람이 살아왔던 패러다임에 의해 만들어진 것이다. 패러다임은 유전적 요소, 성장 과정, 만나는 사람 등에 의해 결정된다.

인생 2막 준비도 알고 보면 패러다임을 바꾸는 과정이다. 2021년 책 출간 후 지금까지의 기간은 내 삶의 패러다임을 바꾸는 과정이었다. 그동안 살아왔던 A의 패러다임이 있다면 인생 2막에 필요한 B의 패러다임으로 바꾸는 과정을 말한다.

"나는 끈기가 없어서 뭔가 성과도 잘 나지 않고 결과가 언제 나올지도 모르겠어."

인생 2막 준비를 위해 도전하며 간혹 내뱉을 수 있는 말이다. 예를 들어 새벽 기상, 만나는 사람 바꾸기, TV 시청 중단, 한 달에 책 2권 읽기 등을 목표로 정하고 일정 기간 지속하다가 어느 순간에 중단되는 경우가 있다. 이런 경우 낙담하지 말고 내가 처한 상황을 확인하며 스스로 격려해 줘야 한다. 패러다임은 쉽게 바뀌지 않는다는 것을 마음으로 받아들이는 태도 또한 중요하다. 인생 2막을 준비하는 사람 중 평온한 조건에서 시작하는 사람은 단 한 사람도 없기 때문이다.

패러다임은 도전과 실패를 반복하며 서서히 바뀌는 것이지 논리적인 이론으로 정복할 수 있는 것이 아니라는 것이다. 가장 중요한 것 중 하나인 내게 주어진 현 상황, 만나는 사람, 하루를 의미있게 사용하는 시간, 주변 환경을 한 번에 바꾸지 못하기 때문이다.

인생 2막 준비를 할 때 도전하며 실패하거나 답보 상태가 되어도 낙심하지 말아야 한다. 현 상황은 한 번에 바뀌지 않는다는 사실도 인식할 필요가 있다. 무엇보다 자신에게 긍정적인 에너지를 많이 주어야 한다. 중요한 것은, 지치지 않고 가게 만드는 에너지를 스스로 얻어야 한다는 점이다.

새벽 기상, 독서 습관, 규칙적인 운동, 글쓰기 등 꾸준히 하면 삶에 변화를 주는 좋은 습관들이 있다. 그동안 좋은 습관을 만들기 위해 노력했다면 그 흔적은 고스란히 몸에 배어 있다. 지금까지 살아왔던 삶의 패턴, 유전자 등 사람마다 자신을 지배해왔던 패러다임으로 인해 좋은 습관으로 옮겨 가는 데 오랜 시일이 걸린다는 것을 인식할 필요가 있다.

평소 한 가지 일을 규칙적으로 천 일 이상 꾸준히 해 온 것이 있다면 그 습관을 토대로 다른 좋은 습관을 만들어 갈 확률이 높다. 만약 단 한 번이라도 천 일 이상 꾸준히 해 본 것이 없다면 새로운 습관을 만드는 데는 더욱 오랜 시간이 걸린다.

패러다임을 바꾸는 데 환경적 요소를 바꾸는 것을 게을리하지 말아야 한다. 나를 둘러싼 환경은 한꺼번에 바뀌지 않는다. 만나는 사람, 내가 사용하는 하루의 시간, 주변 환경 등은 수많은 실패와 도전이 반복되는 과정에서 변화된다는 것을 이해해야 한다.

세상이 변하는 데 그동안 익숙하게 해왔던 패러다임만으로 인생 후반기를 살아간다는 것은 인생 2막 준비로 볼 수 없다. 익숙한 것과 결별하고 새로운 B의 패러다임을 만들어 내야 한다. 인생 2막 준비를 하며 익숙한 것과 결별하지 못한다면 마땅히 할 일은 없고 즐길 거리만 찾아다닌다. 그동안 벌어 놓았던 돈을 쓰며 살아왔던 대로 살다가 인생을 마감하게 될 것이다.

인생 2막 준비는 그동안 몸에 익숙했지만 나를 성장시킬 수 없었던 패러다임과 작별하고 새로운 패러다임을 만드는 과정이라 할 수 있다. 패러다임이 바뀌지 않으면 인생 2막 준비의 여정도 찻잔 속의 태풍이 되어 살아왔던 대로 살 수밖에 없게 된다. 대충해서는 변화의 씨앗이 발아되지 않는다. 씨앗이 발아한 상태가 소소한 성과라면 흔들리지 않는 뿌리를 내리기까지는 끝없는 도전과 실패의 사이클이 지속되어야 한다. 흔들리지 않는 뿌리가 내리고 꾸준한 도전이 이어진다면 완전히 변화된 내면의 거대한 나무가 존재하게 된다. 이런 일련의 과정이 패러다임을 바꾸는 것이다. 인생 2막 준비는 점을 찍는 시간이 모여 선과 면을 만들어 가다 보면 어느새 나만의 반짝이는 별이 만들어진다. 이 세상에 태어나 나만의 별 하나를 만들고 가는 것. 그것이 바로 인생 2막 준비다.

　이 책이 나오기까지 3년 반 이상이라는 긴 시간이 필요했다. 2022년 여름, '호화로운 병원 생활로 길게 죽지 않기 위한 습관 마인드셋'이라는 제목을 정해 책 쓰기를 시작했다. 책 목차를 만들고 본격적인 책 쓰기에 돌입했으나 1년 만에 중단했다. 습관 분야로 책을 쓰기에는 너무 광범위하고 독자의 관심이 적다는 것을 1년 동안 책 쓰기를 하면서 깨달았기 때문이다. 2023년 6월, '직장 다니며 쫓기지 않는 인생 2막 준비법'으로 다시 책을 쓰기 시작했다. 또 문제가 생겼다. 출판사에 투고했으나 과도한 분량, 중복 인용 등 여러 문제점이 발견되어 다시 책을 쓸 수밖에 없었다. 이때가 작년 10월 중순이었다. '술술 풀리는 인생 2막 마인드셋의 비밀'이라는 제목으로 다시 책을 쓰기 시작하여 탈고까지 올 수 있었다. 3년 반 이상의 머나먼 책 쓰기 여정을 통해 세상에 쉽게 되는 것은 단 하나도 없다는 것을 깨닫는 순간이었다.

올해 34년의 직장 생활을 마지막으로 공로 연수를 떠난다. 인생 1막, 9급에서 시작하여 4급 서기관까지 쌓아 올린 화려한 금자탑도 이제 무너진다. 인생 1막의 직장 생활에서 얻은 사회적 권위는 흔적도 없이 사라진다는 말이다. 이를 대비해 몇 년 전부터 인생 2막의 주춧돌을 하나하나 쌓아 나가고 있다. 그 주춧돌의 중심 역할을 하는 것들이 좋은 습관을 많이 만드는 것이고 도전이었다. 올해는 대구 사이버대 한국어다문화학과에 편입했다. 2년 동안 학부 과정을 성실히 수행하면 한국어 교원 자격증이 주어진다. 이또한 내 미래를 설레게 만들 주춧돌임을 알기에 힘들고 어려워도 도전하게 됐다.

인생 2막의 길, 여전히 가야 할 길이 멀고 험난하겠지만 그 과정에 행복이 있음을 알고 멈추지 않고 나아가고자 한다.

두 번째 책을 쓰는 과정에서 여자 친구를 만나 다시 결혼도

했다. 아내와 사별 후 한부모 가장으로 살아온 지 15년 만의 행운이 찾아온 것이다. 이 또한 책 출간 후 꾸준히 내 삶에 정진하는 과정에서 찾아온 결과였다. 첫 책 출간 후 도전하고 정진하는 삶을 살지 않았다면 절대 이런 기회는 오지 않았을 것이다.

퇴직을 앞두고 늘 생각하는 것은 60대를 허송세월로 보내지 않는 것이다. 허송세월이란 각자 주관적인 차이가 있다. 할 일 없이 먹고 마시며 즐기는 삶을 사는 것. 나에게는 이것이 허송세월이다. 내 삶의 의미가 무엇인지조차 모른 채 70을 맞이할 수 있기 때문이다. 초고령화 사회와 길어진 수명을 고려해 80대 이후에 어떤 삶을 살아갈지에 초점을 맞추고 있다. 그동안 벌어 놓았던 재산과 연금이 행복을 보장해 주지 않음을 알기에 내 삶의 자아실현이라는 최종 목표를 향해 꾸준히 달려갈 것이다.

책 출간이 되기까지 든든한 동반자 역할을 해 준 사랑하는 아내 이무희, 그리고 경문, 경인 두 아들에게도 감사하다. 책이 제대로 나올 수 있게 방향을 잘 잡아 줬던 출판사 이경재 대표님, 인생의 멘토 송수용 작가님께 깊이 감사드린다.

새봄처럼 피어오를 나와 그대들의 인생 2막을 한껏 응원하며...

2026년 봄의 길목에서, 포사 이목원